NIVEAU

2

仏検2級準拠［頻度順］フランス語単語集

川口　裕司
古賀　健太郎
菊池　美里

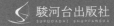
駿河台出版社
SURUGADAI SHUPPANSHA

Design: dice

公益財団法人フランス語教育振興協会許諾出版物

まえがき

　語彙の力は重要な言語能力の一つです．この単語集は，実用フランス語技能検定試験２級の 2000 年から 2013 年までの問題を，詳細に頻度調査することによって作成されました．

　フランス語教育振興協会によると，仏検２級は，「日常生活や社会生活を営む上で必要なフランス語を理解し，一般的なフランス語を聞き，話し，読み，書くことができる」レベルです．つまり仏検２級というのは，フランス語を学習する人なら，誰もが一度は到達したいと思うレベルなのです．400 時間以上のフランス語学習が目安とされ，読む力だけでなく，フランス語を実際に聞いたり，話したりできることも求められます．

　本書の作成過程を説明しておきましょう．まず最初に，古賀と菊池が頻度調査を行い，仏検３級の語彙を除いた上で，仏検２級の単語リストを作成しました．仏検２級の単語にはいろいろな語形と用法を持つものがあります．また，キーワードであるために頻度が高くなった単語や，問題の中ではなく，選択肢として頻繁に現れる単語があったり，熟語や慣用表現として用いられる単語など，さまざまな場合がありました．私たちは語形を中心にして，用法を可能な限り頻度順に並べ換えることで，最終的に約 800 の見出し語を抽出することができました．見出し語の意味は，できるだけ仏検の出題に沿ったものを優先しました．

　仏検では，世界中の出来事を説明する文のほかに，いろいろな状況の会話文が出題されます．そのため見出し語を使った例文には，新聞・メディアの時事的な話題，日常的なことがら，一般的な会話

から，少しくだけた会話まで，さまざまなスタイルの文を盛り込みました．

　ところで，仏検2級の学習者には，見出し語のカタカナ読みは不要であったかもしれません．ただし本書では，将来仏検2級を受検するであろう人のことも考えて，あくまで参考としてカタカナ表記をつけました．実際には，別売で見出し語と例文の音声を用意してありますので，それを聴いて発音の練習に役立ててください．

　仏検2級レベルになると，個々の単語だけでなく，基本的な熟語や慣用表現についての知識も必要になってきます．本書では，重要で頻度の高い熟語・慣用表現は見出し語の中に記載しました．そのほかに出題された熟語・慣用表現については，PARTIE 6 にまとめてあります．

　それでもなお語彙力が心配だという人には，同じシリーズの『仏検3級準拠［頻度順］フランス語単語集』(小社刊)をお勧めします．この2冊をあわせて学習することで，基礎語彙の復習を兼ねつつ，語彙力をさらに上達させることができると思います．

　私たち著者は，一人でも多くの人がフランス語の学習に興味を抱き，本書を勉強した後に仏検2級にチャレンジし，よい結果を得られることを期待しています．

　最後になりますが，本書の編集と校正でお世話になりました編集部の上野名保子さんに，この場をお借りして，お礼申し上げます．

2016年10月

著者を代表して

川 口 　裕 司

目　次

PARTIE 1 過去 10 年間で頻度 10 回以上の語
`001-115`　　p.1

PARTIE 2 過去 10 年間で頻度 7 回以上の語
`116-231`　　p.45

PARTIE 3 過去 10 年間で頻度 5 回以上の語
`232-384`　　p.85

PARTIE 4 過去 10 年間で頻度 4 回以上の語
`385-507`　　p.133

PARTIE 5 過去 10 年間で頻度 3 回以上の語
`508-665`　　p.171

PARTIE 6 その他の熟語・慣用表現
`001-135`　　p.219

1 過去に出題された固有名詞　　p.44

2 フランスの企業と学校　　p.84

3 二次試験面接対策①基礎編(自己紹介する, 経験を言う)　　p.132

4 二次試験面接対策②発展編(日常や予定について言う)　　p.170

5 二次試験面接対策③応用編(仕事等を説明する, 理由を述べる)　　p.218

品詞記号

男 男性名詞	女 女性名詞	固有 固有名詞	代 代名詞
動 動詞	代動 代名動詞	前 前置詞	形 形容詞
副 副詞	間投 間投詞	接 接続詞	熟・慣 熟語・慣用表現

☆☆☆☆

PARTIE 1

---

115 mots

001-115

過去 10 年間で頻度 10 回以上の語

---

connaître

［コネートる］
□□ 001

動 経験する

---

connaître à fond

［コネートる ア フォン］　熟・慣 熟知する

---

connu(e)

［コニュ］

形 有名な，知られている

---

métier

［メティエ］
□□ 002

男 職業，仕事

---

marché

［マるシェ］
□□ 003

男 市場

---

bon marché

［ボン マるシェ］　熟・慣 安い，安く

étude

［エテュード］
□□ 004

女 勉強，研究

---

participer

［パるティスィペ］
□□ 005

動 参加する

Le prénom est une affaire de mode. Comme tout phénomène de mode, il naît, **connaît** une période de gloire, disparaît et réapparaît plusieurs dizaines d'années plus tard. (01 春)

名前は流行である．あらゆる流行現象と同じように，生まれては，隆盛の時があり，消えたかと思うと，何十年も経って，また現れる．

Jean-Marie **connaît à fond** l'histoire du Japon. (10 春)

ジャン・マリは日本の歴史を熟知している．

Les enfants dansent sur une chanson très **connue**.

子供たちはとても有名な歌に合わせて踊っている．

Qu'est-ce qui est important dans votre **métier** ? (04 秋)

あなたの職業では何が大切ですか？

Le **marché** des télécommunications s'est développé avec la propagation des portables.

通信市場は携帯の普及と共に発展してきた．

J'ai acheté un joli appartement **bon marché** situé à seulement 200 m de la plage.

私は海岸からわずか200mのところにある安くてすてきなアパルトマンを買いました．

Aujourd'hui âgée de 18 ans, Adhika veut continuer ses **études** pour devenir institutrice. (08 春)

今18歳のアディカは，小学校教師になるための勉強を続けたいと思っている．

Je voudrais **participer** à cette manifestation artistique.

私はその芸術イベントに参加したい．

tenir à ...
[トゥニーる ア]
□□ 006

熟・慣 ～を強く望む

tenir le coup
[トゥニーる ル ク]

熟・慣 もちこたえる

tenir de ...
[トゥニーる ドゥ]

熟・慣 ～の性質を受け継ぐ，～に似る

se tenir
[ス トゥニーる]

代動 開催される

activité
[アクティヴィテ]
□□ 007

女 活動，仕事

certain (e)
[せるタン，せるテンヌ]
□□ 008

形 確かな

形 (複数形で) いくつかの

形 ある程度の

certains, certaines
[せるタン，せるテンヌ]

代 ある人々

Elle **tient** toujours **à** rentrer chez elle avant que la route ne soit encombrée.	彼女は道が混む前にどうしても帰宅したいといつも思っている.
Au début, j'avais du mal à **tenir le coup** jusqu'au matin, j'étais trop fatigué. (01 秋)	最初は，朝まで持ちこたえるのが大変でした，ひどく疲れていたので.
Jamal **tient** sa timidité **de** sa mère.	ジャマルの内気さは母親譲りです.
Les Jeux Olympiques **se tiendront** à Tokyo en 2020.	オリンピックが 2020 年に東京で開催されるだろう.
Notre **activité** consiste à renseigner les touristes étrangers sur les transports urbains.	私たちの活動は，外国人観光客に都市交通について情報を提供することです.
Il est **certain** que l'abus de tabac cause de nombreux problèmes de santé.	たばこの吸い過ぎが多くの健康問題をもたらすことは確かです.
Il est possible que **certains** caractères spéciaux ne s'affichent pas correctement sur l'écran.	いくつかの特殊文字は画面上に正しく表示されないことがあり得ます.
Ce médicament allège la douleur jusqu'à un **certain** point.	この薬は痛みをある程度まで和らげてくれます.
Certains aiment sa façon de chanter, d'autres non.	ある人たちは彼(女)の歌い方が好きですが，他の人々はそうではありません.

rester [れステ] ☐☐ 009	動 とどまる，残る
il reste à … [イル れスト ア]	熟・慣 まだこれから〜しなければならない
affaire [アフェーる] ☐☐ 010	女 (複数形で) ビジネス
	女 事柄，問題
ni [ニ] ☐☐ 011	接 〜もない
prochain(e) [プろシャン，プろシェンヌ] ☐☐ 012	形 次の
lieu [リュ] ☐☐ 013	男 場所 ＊複数形は **lieux** [リュ]
avoir lieu [アヴォワーる リュ]	熟・慣 行われる，起こる
au lieu de … [オ リュ ドゥ]	熟・慣 〜の代わりに

D'ailleurs, c'est un bon prétexte pour **rester** devant la télévision ! (04秋)	おまけに，それはテレビの前にいるための良い口実なのです．
Il reste à savoir si Paul partira en France avec moi. (07春)	ポールが私と一緒にフランスに出かけるかどうかは，まだ知る必要があります．
J'ai visité plusieurs pays d'Amérique du Sud pendant mon dernier voyage d'**affaires**.	私は前回のビジネス旅行で複数の南米の国々を訪れました．
Leur procès est devenu une **affaire** diplomatique.	彼らの訴訟は外交問題になった．
Il n'y a **ni** baignoire **ni** douche dans la chambre.	部屋の中には浴槽もシャワーもありません．
À quelle heure part le **prochain** TGV ?	次の TGV（新幹線）は何時に出発しますか？
Le cours de théâtre est ennuyeux pour les élèves à cause du **lieu** où il se passe. (09秋)	演劇の授業はそれが行われる場所のせいで学生には退屈なものになっています．
Un concours pour les pêcheurs **a lieu** sur un quai parisien aujourd'hui. (00春)	太公望たちのための大会が，今日，パリの河岸で開催される．
Puisqu'il pleuvait, on a visité le musée **au lieu d'**une promenade en ville.	雨が降っていたので，私たちは町を散策する代わりに美術館を訪れました．

réaliser

[れアリゼ]
☐☐ 014

動 実現する；制作する

effet

[エフェ]
☐☐ 015

男 結果；効果

en effet

[アネフェ]

熟・慣 実際のところ

essayer

[エセイェ]
☐☐ 016

動 試してみる

hier

[イェーる]
☐☐ 017

副 昨日

expérience

[エクスペりアンス]
☐☐ 018

女 体験, 経験；実験

plaisir

[プレズィーる]
☐☐ 019

男 快楽, 楽しみ

pourtant

[プるタン]
☐☐ 020

副 それでも, しかし

Pour **réaliser** ce projet, il faudra beaucoup de temps et d'argent.	このプロジェクトを実現するには，たくさんの時間とお金が必要だろう．
Nous pouvons constater un rapport de cause à **effet** entre ces deux phénomènes.	私たちはこの2つの現象の間に因果関係を確認できます．
En effet, en dix ans, j'ai pu ouvrir une quarantaine de boutiques qui portent mon nom, dont dix aux États-Unis, et une quinzaine au Japon. (03秋)	実際，10年で私の名前を冠した店を40店ほど開店できました，うち10店はアメリカに，15店ほどは日本にです．
Vous voulez **essayer** ce pantalon, monsieur ?	（男性客に）このズボンを試着されますか？
Il fait très froid aujourd'hui, alors qu'il faisait doux **hier**.	今日はとても冷える．昨日は暖かかったのに．
Quand Serge est devenu chauffeur de taxi, il avait déjà de l'**expérience** dans plusieurs métiers.	タクシー運転手になったとき，セルジュはすでに複数の仕事を経験していた．
Nous aurons le **plaisir** de vous voir la semaine prochaine.	私たちは来週あなたにお会いするのを楽しみにしています．
Pourtant, à cette époque, les courses automobiles étaient encore interdites aux femmes en Iran. (08秋)	しかしながら，当時，イランでは女性はまだカーレースを禁じられていた．

marque

女 ブランド，メーカー

[マルク]
☐☐ 021

manquer

動 足りない，欠けている

[マンケ]
☐☐ 022

ne pas manquer de ...

[ヌ パ マンケ ドゥ]　熟・慣 必ず～する

rendre

動 返す

[らンdrる]
☐☐ 023

rendre ～ ...

[らンドる]　熟・慣 ～を…の状態にする

rendre visite à ...

[らンドる ヴィズィット ア]　熟・慣 ～を訪問する

se rendre à ...

[ス らンドる ア]　熟・慣 ～に赴く

se rendre compte que ...

[ス らンドる コント ク]
　熟・慣 ～に気づく

Quelle est la **marque** que vous préférez ? (00 春)	あなたの好きなメーカーはどこですか?
Oko s'inquiète d'**avoir manqué** de respect envers le président lors de la réunion.	オコは会合の際に議長に対して礼を欠いたことを心配している.
Je **ne manquerai pas de** te faire signe quand je viendrai à Paris.	パリに来る時には君に必ず知らせるよ.
Si vous ne pouvez pas **rendre** les livres empruntés dans les délais, votre compte sera bloqué.	期限内に借りた本を返せない場合, あなたの利用資格は停止されるでしょう.
La nouvelle ligne de tram **rendra** les déplacements entre les deux villes beaucoup plus faciles.	新しいトラム (路面電車) の路線は2つの都市間の移動をずっと容易にするだろう.
Paul **a rendu visite à** ses grands-parents le week-end dernier.	先週末ポールは祖父母の家を訪問した.
Demain, on **se rendra à** Tokyo pour la deuxième conférence internationale sur le changement climatique.	明日, 気候変動に関する第2回国際会議のために私たちは東京に行きます.
Après dix ans, je **me suis rendu compte que**, pour continuer cette activité, je devais d'abord étudier l'économie. (07 秋)	その活動を継続するには, まず経済を勉強しなければならないことを, 私は10年経って気づいた.

visite

[ヴィズィット]
□□ 024

囡 訪問

---

s'installer

[サンスタレ]
□□ 025

[代動] 身を落ち着ける，住む

---

installer

[アンスタレ]

[動] 住まわせる；据え付ける

---

lycéen, lycéenne

[リセアン，リセエンヌ]
□□ 026

[男] [女] 高校生

---

malgré

[マルグれ]
□□ 027

[前] 〜にもかかわらず，〜の意に反して

---

reprendre

[るプらンドる]
□□ 028

[動] 再開する，再び取る；回復する

émission

[エミスィオン]
□□ 029

囡 放送，番組

---

enfin

[アンファン]
□□ 030

[副] ついに，最後に

Google se met à la **visite** virtuelle pour l'intérieur des établissements.	Google は施設内部のヴァーチャル訪問に着手する.
Bienvenue chez nous ! Allez, **installez-vous**.	(女性に) 私たちの家へようこそ！ さあどうぞおかけください.
Jean-Marc **est installé** près de la forêt amazonienne depuis un demi-siècle. (12秋)	ジャン・マルクは半世紀前からアマゾンの密林のそばに住んでいる.
Il y a une réduction de 10% pour les **lycéens**.	高校生には 10% の割引があります.
Mais **malgré** l'emploi du temps pénible, ce métier apporte de nombreuses satisfactions. (11春)	ハードスケジュールではあるが, その仕事は多くの満足を与えてくれる.
Il faudra que je **reprenne** mon travail dès mon retour au Japon.	私は日本に帰ったらすぐに仕事を再開しなければならないだろう.
Cette **émission** est disponible aussi sur notre site web.	この放送は私たちのウェブサイト上でも視聴可能です.
Après deux heures de marche dans la montagne, nous sommes **enfin** arrivés au village.	山の中を 2 時間歩き, 私たちはようやく村に到着した.

marche

[マるシュ]
□□ 031

囡 歩み；操作；段

mettre en marche

[メットる アン マるシュ]

熟・慣 作動させる，起動する

nombreux,

nombreuse

[ノンブる，ノンブるーズ]
□□ 032

形 多くの

oh

[オ]
□□ 033

間投 おお，ああ

organiser

[オるガニゼ]
□□ 034

動 企画する，組織する

renoncer à ...

[るノンセ ア]
□□ 035

熟・慣 ～をあきらめる

route

[るット]
□□ 036

囡 道路，道程

système

[スィステム]
□□ 037

男 仕組み，システム

Attention à la **marche** en descendant du train.	電車をお降りの際は，段差にお気をつけください．
Pourras-tu me montrer comment **mettre en marche** cet ordinateur ? (12 秋)	このパソコンをどうやって起動したらいいのか見せてくれる？
Il y a de **nombreuses** fautes d'orthographe dans votre texte.	あなたの文章には多くのスペルミスがあります．
Oh là là, ton cas est beaucoup plus grave que le mien. (13 春)	いやはや，君の場合は私の場合よりもずっと深刻です．
André Martin **organise** un festival tous les deux ans. (01 秋)	アンドレ・マルタンは2年ごとにフェスティバルを企画している．
Je ne regrette pas d'**avoir renoncé à** mon rêve d'enfant. (07 春)	私は子どもの時の夢をあきらめたことを後悔していません．
En raison des travaux, la **route** est maintenant barrée.	工事のために，道路は今封鎖されている．
Le **système** d'enseignement en France n'est pas tout à fait pareil au nôtre.	フランスの教育システムは私たちのと全く同じというわけではない．

aide
[エッド]
□□ 038

女 助け，援助

association
[アソスィアスィオン]
□□ 039

女 団体，組織

aventure
[アヴァンテューる]
□□ 040

女 出来事，冒険

but
[ビュ(ット)]
□□ 041

男 目的，標的

avoir pour but de ...
[アヴォワーる　ブーる　ビュ(ット)　ドゥ]

熟・慣 〜するのが目的である

monter
[モンテ]
□□ 042

動 登る，上がる；乗る

normal(e)
[ノるマル]
□□ 043

形 普通の，正常な，当然の

＊男性複数形は **normaux** [ノルモ]

responsable
[れスポンサーブル]
□□ 044

男 女 責任者

Pour finir le devoir de français, j'ai besoin de ton **aide**.	フランス語の宿題を終わらせるためには，君の助けが必要だ．
Mon père participe régulièrement aux activités d'une **association** sportive.	私の父はスポーツ団体の活動に定期的に参加しています．
Tu te souviens de notre dernier voyage ? C'était une **aventure** inoubliable !	この前の旅行を君は覚えているかい？　あれは忘れられない冒険だったね．
Quel est ton **but** le plus important dans la vie ?	人生における君の一番大切な目的って何なの？
Ce reportage **a pour but de** faire connaître les dangers de l'Internet. (00 秋)	このルポルタージュは，インターネットの危険性を知らせることを目的としています．
Puisque l'ascenseur est hors service, on est obligé de **monter** par l'escalier.	エレベーターが故障中だから，階段で上がらざるを得ない．
Il est **normal** que les produits importés soient plus chers que les produits domestiques.	輸入品が国内製品より高価なのは当然のことだ．
Le vrai **responsable** des problèmes de réchauffement semble être le système politique mondial.	温暖化問題の本当の責任者は，世界の政治体制のように思える．

rôle

[ろール]
□□ 045

男 役割

sentir

[サンティーる]
□□ 046

動 感じる，気づく

se sentir

[ス サンティーる]

代動 自分が〜だと感じる

course

[クるス]
□□ 047

女 競争，レース

faire les/des courses

[フェーる レ/デ クるス] 熟・慣 買い物をする

décision

[デスィズィオン]
□□ 048

女 決断

groupe

[グるップ]
□□ 049

男 グループ，団体

handicapé(e)

[アンディカペ]
□□ 050

形 不利な条件の，ハンディキャップのある

Ces algues jouent un **rôle** très important dans le maintien de la qualité de l'eau.	これらの海藻は水質保持のためにとても重要な役割を果たしている.
Certains animaux peuvent **sentir** l'arrivée d'un tremblement de terre plus vite que les hommes.	いくつかの動物は地震の到来を人間より早く感じ取ることができる.
Ces jours-ci, elle **se sent** un peu fatiguée, puisqu'elle travaille quelquefois plus de 12 heures par jour. (09 春)	このところ彼女は少し疲れを感じている, というのも一日12時間以上働くことがときどきあるからだ.
Bien que Damien ne soit pas le premier arrivé à la **course**, il a l'air content.	レースでは1等ではなかったものの, ダミアンは満足げな顔をしている.
Dominique **fait les courses** trois fois par semaine.	ドミニクは週に3回買い物をします.
On dit que vous avez pris une grande **décision**, mais de quoi s'agit-il ? (10 秋)	あなたは大きな決定をしたと聞いていますが, どのような決定なのですか?
À la fin de ce trimestre, vous devrez faire un exposé de **groupe**.	今学期の終わりに, あなた方はグループ発表をしなければなりません.
Elle est **handicapée** depuis son accident de la route.	交通事故の後, 彼女は体が不自由になった.

	男 女 障がい者

île
[イル]
☐☐ 051

女 島

Internet
[アンテるネット]
☐☐ 052

固有 男 インターネット

(→ l'Internet p.17)

Noël
[ノエル]
☐☐ 053

男 クリスマス

présenter
[プれザンテ]
☐☐ 054

動 紹介する；示す

se présenter
[ス プれザンテ]

代動 自己紹介する，姿を現す

résultat
[れズュルタ]
☐☐ 055

男 結果

heureux,

heureuse
[ウる，ウるーズ]
☐☐ 056

形 幸せな，うれしい

Où se trouve la place de stationnement pour les **handicapés** ?	どこに障がい者用駐車場があるのだろう?
Il n'y a que deux bateaux par jour qui relient cette **île** au continent.	この島と大陸を結ぶ船は1日に2便しかない.
Quand elle aura réalisé sa première œuvre pour son futur bébé, elle compte la photographier et la montrer dans son journal sur **Internet**. (04秋)	彼女は将来のわが子のための最初の作品 (＝編み物) が完成したら, それを写真に撮ってインターネット上の日記で見せようと考えている.
Mon fils ne semble pas content de son cadeau de **Noël**.	私の息子はクリスマスプレゼントに満足していないようだ.
Et peu importe si l'opération **présente** un danger pour sa santé. (02春)	手術が健康に危険を及ぼすとしても, それはどうでもよいことだ.
Il **s'est présenté** en T-shirt à la réunion d'hier.	彼は昨日の会合にTシャツ姿で現れた.
Le **résultat** de l'élection a été favorable à ce candidat milliardaire.	選挙結果はその億万長者の候補者にとって好ましいものだった.
Nous sommes très **heureux** de faire votre connaissance.	あなたとお知り合いになれて私たちはとてもうれしいです.

manière

[マニエーる]
□□ 057

囡 やり方；（複数形で）礼儀作法

---

d'une manière ...

[デュヌ マニエーる] 熟・慣 〜なやり方で

---

même si ...

[メーム スィ]
□□ 058

熟・慣 たとえ〜だとしても，〜であるにせよ

---

quand même

[カン メーム] 熟・慣 それでもやはり

---

occuper

[オキュペ]
□□ 059

動 占める，占領する

---

parisien,
parisienne

[パりズィアン，パりズィエン
ヌ]
□□ 060

形 パリの

---

politique

[ポリティック]
□□ 061

囡 政治，政策

On apprend les bonnes **manières** dans les livres. (01 秋)	それらの本で礼儀作法を学びます.
Luc conduit **d'une manière** très prudente.	リュックはとても慎重な運転をする.
Même si le gouvernement affirme que son pays n'était pas visé, l'inquiétude grandit.	政府は自国が標的になっていたわけではないと断言するものの, 心配は増大している.
Je ne suis pas vraiment content de la situation actuelle, mais il me faut **quand même** l'accepter.	私は今の状況に満足しているわけではありませんが, それでもこれを受け入れなければなりません.
Les membres de l'association de la protection de la nature **occupent** le terrain depuis trois jours.	自然保護団体のメンバーが敷地を3日前から占拠している.
J'étais vraiment fatigué du stress **parisien**.	私はパリ（生活）のストレスで本当に疲れていた.
Le nouveau gouvernement va décider de changer sa **politique** environnementale.	新政府は環境政策の変更を決定する予定だ.

	形 政治の，政治的

quelqu'un
[ケルカン]
☐☐ 062
代 誰か，ある人

situation
[スィテュアスィオン]
☐☐ 063
女 状況，情勢

choix
[ショワ]
☐☐ 064
男 選択

collection
[コレクスィオン]
☐☐ 065
女 収集，収蔵品

dangereux,
dangereuse
[ダンジュる, ダンジュるーズ]
☐☐ 066
形 危険な

entreprise
[アントるプリーズ]
☐☐ 067
女 企業

facture
[ファクテューる]
☐☐ 068
女 請求書

dire n'importe quoi
[ディーる　ナンポるト　クワ]
☐☐ 069
熟・慣 でたらめを言う

À l'université, il étudie les sciences **politiques**.	大学で彼は政治学を学んでいる.
Il a sans doute besoin de **quelqu'un** qui travaille avec lui. (08 春)	彼には一緒に働いてくれる誰かがおそらく必要である.
La **situation** économique de ce pays ne s'améliore pas depuis dix ans.	その国の経済状況は10年前から改善していない.
On a trois sauces différentes. Faites votre **choix**.	3つの異なるソースがあります. どれか選んでください.
La **collection** de ce musée est énorme.	この美術館の収蔵品は膨大だ.
Parce que, pour les gens âgés, l'avion est quelque chose de très **dangereux**. (07 春)	というのは, 年配の人にとって, 飛行機はとても危険なものだからです.
Quelles **entreprises** françaises connaissez-vous ?	どんなフランスの企業を知っていますか?
La **facture** finale sera probablement plus élevée que prévue.	最終的な請求額はたぶん予想よりも高額になるだろう.
Cet homme **dit n'importe quoi.** (06 秋)	その男はでたらめを言っている.

n'importe quel (quelle) ...

[ナンポルト ケル] 熟・慣 どのような〜であれ

n'importe qui

[ナンポルト キ] 熟・慣 誰でも

n'importe où

[ナンポルト ウ] 熟・慣 どこでも

n'importe comment

[ナンポルト コマン] 熟・慣 どのようにしても，やり方はどうあれ

peu importe

[プ アンポルト] 熟・慣 構わない，どうでもよい

million

[ミリョン]
□□ 070

男 100 万

Père Noël

[ぺーる ノエル]
□□ 071

熟・慣 男 サンタクロース

de la part de ...

[ドゥ ラ パーる ドゥ]
□□ 072

熟・慣 〜の側から，〜の代理で

prendre part à ...

[プらンドる パーる ア]

熟・慣 〜に参加する

Salama m'a demandé d'acheter cette peinture à **n'importe quel** prix.	サラマは私にこの絵画をどんな値段でもいいから買うようにと頼んだ.
N'importe qui pourrait résoudre ce problème.	この問題は誰でも解くことができるだろう.
Grâce à votre compte en ligne, vous pouvez effectuer une commande **n'importe où** dans le monde.	オンラインアカウントによって, あなたは世界中のどこにいても注文を行うことができます.
Il a fait ça **n'importe comment**, dans l'urgence.	非常事態なので, やり方はどうあれ, 彼はそれを行なった.
Lequel prenez-vous ? — **Peu importe**.	どちらにしますか? —どちらでもいいです.
Si tu gagnes trois **millions** d'euros au loto, qu'est-ce que tu en feras ?	もし宝くじで300万ユーロ当たったら, 君はそれで何をするの?
Mes enfants ne croient plus au **Père Noël**.	私の子どもたちはもうサンタクロースを信じていない.
Dis-leur bonjour **de ma part**.　　(10秋)	彼らに私からもよろしくとお伝えください.
N'hésitez pas à **prendre part à** notre discussion.	どうぞ遠慮なく私たちのディスカッションに参加してください.

à part...

[ア パーる]

熟・慣 ～を別に，～を除いて

faire part de ...

[フェーる パーる ドゥ] 熟・慣 ～を知らせる

qualité

[カリテ]
□□ 073

女 質

spécialiste

[スペスィアリスト]
□□ 074

男 女 専門家

vendeur,
vendeuse

[ヴァンドゥーる，ヴァン
ドゥーズ]
□□ 075

男 女 店員，売り手

camion

[カミョン]
□□ 076

男 トラック

candidat(e)

[カンディダ(ット)]
□□ 077

男 女 志願者，応募者

se déplacer

[ス デプラセ]
□□ 078

代動 移動する

J'ai visité tous les continents du monde, **à part** l'Antarctique.	私は南極大陸を除いた世界のすべての大陸を訪れたことがある.
Faites-moi **part des** résultats de l'examen dès qu'ils seront publiés.	試験の結果が発表されたらすぐに, 私に知らせてください.
La **qualité** de l'air est très mauvaise aujourd'hui.	今日は空気の質がとても悪い.
Les **spécialistes** ont des avis partagés sur ce problème. (00 秋)	この問題に関して専門家の意見が分かれている.
La **vendeuse** m'a proposé beaucoup d'options, mais aucune ne m'intéressait.	女性店員は私にたくさんのオプションを提案したが, 私の興味をひいたものはひとつもなかった.
Un voleur de **camion** a été arrêté à la suite d'une poursuite policière.	警察の捜索の結果, トラック泥棒が逮捕された.
Cette année, nous avons un peu moins de **candidats** au bac que d'habitude.	今年は例年よりもバカロレアの志願者数がすこし少ない.
Si vous **vous déplacez** en voiture, il faudra vérifier à l'avance s'il y a un parking gratuit près de votre destination.	もしあなたが車で移動するなら, 目的地の近くに無料駐車場があるかどうかを事前に確認しておくべきでしょう.

difficulté

[ディフィキュルテ]
□□ 079

囡 困難, 障害

discuter

[ディスキュテ]
□□ 080

動 討論する, 話し合う

franc

[フらン]
□□ 081

男 フラン (スイスやユーロ導入前のフランスの通貨)

fumeur, fumeuse

[フュムーる, フュムーズ]
□□ 082

男 囡 喫煙者

nourriture

[ヌりテューる]
□□ 083

囡 食べ物, 栄養物

être obligé(e) de ...

[エートる オブリジェ ドゥ]
□□ 084

熟・慣 ~せざるを得ない, ~しなければならない

à l'occasion de ...

[ア ロカズィオン ドゥ]
□□ 085

熟・慣 ~の機会に

Si vous apprenez le japonais ancien, vous pourrez lire cette œuvre sans **difficulté**.	古文を学べば，あなたはこの作品を難なく読めるでしょう．
Nous **avons** beaucoup **discuté** des problèmes qui opposent ces deux pays.	私たちは2国間に立ちはだかる問題についてたくさん議論した．
Quand on voyage en Suisse, il faut changer des euros en **francs** suisses.	スイスを旅行するときは，ユーロをスイスフランに両替する必要がある．
Le **fumeur** de narguilé avale 100 fois plus de fumée que le fumeur de cigarette.	水ギセルの喫煙者はタバコの喫煙者よりも100倍多く煙を吸い込む．
La dépense pour la **nourriture** est la plus importante après le loyer.	食費は家賃に次いで大きい．
La semaine dernière, elle **a été obligée de** passer quatre nuits à l'hôpital, parce qu'une de ses collègues était tombée malade. (09 春)	先週，彼女は病院で4泊せざるを得なかった．同僚の一人が病気になったからだ．
À l'occasion de la parution de son premier livre, Albert a organisé une petite fête.	初めて本が出版された機会に，アルベールはささやかなパーティーを催した．

pour l'occasion

[プーる ロカズィオン]　熟・慣 その機会のために

d'occasion

[ドカズィオン]　熟・慣 中古の

donner l'occasion à 〜 de ...

[ドネ ロカズィオン ア ドゥ]

熟・慣 〜に…する機会を与える

oublier

動 忘れる

[ウブリエ]
□□ 086

se plaindre

代動 文句を言う；苦痛を訴える

[ス プランドる]
□□ 087

prix

男 賞

[プり]
□□ 088

男 値段，（複数形で）物価

à bas prix

熟・慣 低価格で

[ア バ プり]

Avant même d'entrer dans ce nouveau musée, il vaut mieux jeter un coup d'œil sur son grand bâtiment étrange, construit **pour l'occasion**. (12 春)

その新しい美術館に入る前に，それを機に建てられた，奇妙な大きな建物も少し見ておいたほうがいいです．

Quand tu achètes un livre **d'occasion**, il faut vérifier s'il est en bon état.

中古の本を買うときは，状態がいいかどうか確かめるべきだ．

C'est la télévision qui **m'a donné l'occasion de** faire cette émission, mais l'idée concrète est née grâce à ma femme. (13 春)

この放送をする機会を与えてくれたのはテレビだが，具体的な考えが浮かんだのは妻のお蔭だ．

N'oubliez pas de fermer la porte à clé en sortant de votre bureau.

仕事部屋から出る際はドアに鍵をかけるのを忘れないでください．

Ma femme ne **se plaint** jamais de sa situation actuelle.

私の妻は自分の現状について絶対に不満を口にしない．

Qui a obtenu le **prix** Nobel de littérature l'année dernière ?

去年は誰がノーベル文学賞を受賞しましたか？

Avec une forte baisse des **prix** du pétrole, les investissements pétroliers sont en net recul dans le monde.

原油価格の激しい下落によって，石油投資は世界中ではっきりと後退している．

C'est vrai qu'ils vendent des produits **à bas prix**. (13 春)

彼らが製品を低価格で売っているのは本当です．

à tout prix
[ア トゥ プリ]
熟・慣 何としても，どんな対価を払っても

professionnel, professionnelle
[プロフェスィオネル]
□□ 089
形 プロの

regretter de ...
[る グれテ ドゥ]
□□ 090
熟・慣 〜を後悔する，〜を申し訳なく思う

se sauver
[ス ソヴェ]
□□ 091
代動 逃げる

table
[ターブル]
□□ 092
女 テーブル，食卓

vin de table
[ヴァン ドゥ ターブル]
熟・慣 テーブルワイン

vente
[ヴァント]
□□ 093
女 販売；売り上げ

en vente
[アン ヴァント]
熟・慣 発売中の

Il faut **à tout prix** terminer ce travail aujourd'hui.	この仕事を何としても今日終わらせなければならない.
Vous êtes un photographe **professionnel** ? (09 春)	あなたはプロの写真家ですか?
Valérie ne **regrette** pas **d'**avoir choisi le métier d'actrice. (07 春)	ヴァレリーは女優の職業を選んだことを後悔していない.
Nous **nous sommes** vite **sauvés** de ce vieux bâtiment qui commençait à s'effondrer.	崩れ始めていたこの古い建物から, 私たちはすばやく避難した.
On attend que tout le monde soit à **table**.	皆がテーブルにつくのを私たちは待ちます.
La consommation des **vins de table** a en revanche chuté de plus de 50 % en 20 ans. (01 春)	テーブルワインの消費量は, 反対に, 20年で50%以上低下した.
Les **ventes** de ce fruit à l'étranger ont été assez remarquables l'année dernière.	去年, この果物の海外での売り上げはかなり素晴らしかった.
Le nouveau modèle de Renault sera **en vente** le mois prochain.	ルノーの新型モデルが来月販売されるでしょう.

attaquer
[アタケ]
□□ 094

動 攻撃する；取りかかる

s'attaquer à ...
[サタケ　ア]

代動 ～に挑む，～に取り組む

attirer
[アティれ]
□□ 095

動 引きつける

autour de ...
[オトゥーる　ドゥ]
□□ 096

熟・慣 ～の周りに

avis
[アヴィ]
□□ 097

男 意見，通知

consommation
[コンソマスィオン]
□□ 098

女 消費

au contraire
[オ　コントれーる]
□□ 099

熟・慣 反対に，それどころか

dès
[デ]
□□ 100

前 ～するや否や，～からすぐに

dès le départ
[デ　ル　デパーる]

熟 はじめから

Un surfeur **a été attaqué** par un requin blanc le week-end dernier. (13 春)	一人のサーファーが先週の週末，ホオジロザメに襲われた.
Il faut que je **m'attaque à** ce problème maintenant.	私は今この問題に取り組まなければならない.
Cet article **a** bien **attiré** l'attention des internautes.	この記事はネットユーザーの注意を大いに引きつけた.
Tu as oublié de regarder ce qui se passait **autour de** toi.	君は身の回りで起きていることを見るのを忘れているよ.
À mon **avis,** on n'a plus besoin de nouvelle supérette dans notre quartier.	思うに，私たちの地区に新しいコンビニはこれ以上必要ではない.
Comment peut-on réduire la **consommation** d'énergie ?	私たちはどのようにエネルギー消費を減らせるだろうか?
Corentin n'est pas du tout en colère. **Au contraire,** il est content de ton retour !	コランタンは全く怒っていない．反対に，君が戻ったのを喜んでいるんだ.
Dès l'âge de 12 ans, j'ai eu envie de devenir chef d'orchestre. (03 秋)	12 歳になると，私はオーケストラの指揮者になりたいと思った.
Elle a pris la tête de la course **dès le départ**. (02 春)	彼女は最初からレースの先頭に立った.

équipe
[エキップ]
□□ 101

女 チーム

en équipe
[アネキップ]

熟・慣 チームで

etc.
[エトセテラ]
□□ 102

副 など（**et cetera** の略語）

fatigué(e)
[ファティゲ]
□□ 103

形 疲れている

frites
[フリット]
□□ 104

女 （複数形で）フライドポテト

horaire
[オれーる]
□□ 105

男 時刻表；営業時間

horloge
[オるロージュ]
□□ 106

女 大時計，時計

peluche
[プリュシュ]
□□ 107

女 ぬいぐるみ

L'entraîneur a annoncé les noms des membres de l'**équipe** nationale pour le prochain match.	監督は次の試合に向けてのナショナルチームのメンバーの名前を発表した.
Éric n'aime pas beaucoup le travail **en équipe**.	エリックはグループワークがあまり好きではない.
Je parle des nouvelles techniques, des nouveaux pays qui produisent des diamants, **etc.** (11 春)	新しい技術とダイヤモンド等を生産する新しい国のことを話しているんです.
Tu dois éviter de boire quand tu es trop **fatigué**.	すごく疲れている時は, お酒を飲むのを控えるほうがいいよ.
Pendant notre séjour à Bruxelles, nous avons mangé des **frites** tous les jours.	ブリュッセル滞在の間, 私たちは毎日フライドポテトを食べました.
Les trains et les **horaires** affichés sont susceptibles d'évoluer au fil de la journée.	表示された列車と時刻は, 当日の状況で変更になる可能性があります.
Attention. Cette **horloge** n'est pas à l'heure.	気をつけて. あの大時計は時間通りじゃないから.
Nous avons acheté aux enfants une **peluche** de Mickey.	私たちは子どもたちにミッキーのぬいぐるみを買いました.

la plupart de ...

[ラ プリュパーる ドゥ]
□□ 108

熟・慣 〜の大部分

la plupart du temps

[ラ プリュパーる デュ タン] 熟・慣 ほとんどの場合，たいてい

pompier

[ポンピエ]
□□ 109

男 消防士

poser

[ポゼ]
□□ 110

動 置く，（問題を）生じさせる

se poser

[ス ポゼ]

代動 生じる，置かれる

puisque

[ピュイスク]
□□ 111

接 〜なので，〜である以上

réaction

[れアクスィオン]
□□ 112

女 反応

remplir

[らンプリーる]
□□ 113

動 満たす，いっぱいにする

rempli(e) de ...

[らンプリ ドゥ]

熟・慣 〜でいっぱいの

Le directeur pense que **la plupart de** ses élèves réussiront dans le football. (07 春)	校長は生徒の大部分がサッカーで成功するだろうと考えている.
La plupart du temps, ils n'en ont pas conscience. (11 秋)	ほとんどの場合，彼らはそのことを意識していません.
Pompier est l'une des professions les plus populaires en France.	消防士はフランスでは最も人気のある職業のひとつだ.
Ça ne **pose** pas de problème ? (04 春)	それで問題が生じませんか?
C'est alors qu'un grand problème **s'est posé**. (08 春)	大問題が生じたのはその時であった.
Puisque nous sommes parvenus à un accord, il n'y a plus de souci.	私たちは合意に至ったのだから，もう心配はない.
On ne sait jamais quelles seront les **réactions** des lecteurs.	読者の反応がどんなものになるか，まったく分からない.
Remplissez ce formulaire avant de passer à l'étape suivante.	次のステップに進む前に，この用紙に記入してください.
Un bateau **rempli de** migrants a chaviré près des côtes turques.	移民で満杯の船がトルコの沿岸近くで転覆した.

tant pis

[タン ピ]
□□ 114

熟・慣 それは残念，気の毒に

en tant que ...

[アン タン ク]

熟・慣 〜として

tant que ça

[タン ク サ]

熟・慣 それほどに

tuer

[テュエ]
□□ 115

動 殺す，死なせる

Tu as raté le dernier train ? **Tant pis** pour toi.	終電に乗り損なったの? それはお気の毒に.
Je participe à ce projet **en tant que** conseiller.	私はこのプロジェクトにアドバイザーとして参加しています.
−Tu as soif ? −Pas **tant que ça**.	− 喉渇いてる? − それほどでもないよ.
La pollution de l'eau **a tué** beaucoup de poissons dans cette rivière.	水質汚染がこの川のたくさんの魚を死なせた.

① 過去に出題された固有名詞

les Alpes [レ ザるプ]	アルプス山脈
Toulouse [トゥるーズ]	トゥールーズ
la Corse [ラ コるス]	コルシカ島
Carcassonne [かるカソンヌ]	カルカソンヌ（Aude 県）
le désert du Sahara [ル デゼーる デュ サアら]	サハラ砂漠
l'Oléron [ロレろン]	オレロン島（île d'Oléron）
la Sardaigne [ラ さるデーニュ]	サルデーニャ島
les Vosges [レ ヴォージュ]	ヴォージュ県, ヴォージュ山地
l'Afrique du Nord [ラフりック デュ ノーる]	北アフリカ
Vancouver [ヴァンクヴェーる]	バンクーバー
le parc du Mercantour [ル パるク デュ メるカントゥーる]	メルカントゥール国立公園
Dakar [ダカーる]	ダカール
le Jura [ル ジュら]	ジュラ県, ジュラ山脈
la Normandie [ラ ノるマンディ]	ノルマンディー地方
le Québec [ル ケベック]	ケベック地方
Strasbourg [ストらスブーる]	ストラスブール
l'Asie centrale [ラズィ サントらル]	中央アジア
l'Iran [リらン]	イラン
le Sénégal [ル セネガル]	セネガル
l'Australie [ロストらり]	オーストラリア
le Bénin [ル ベナン]	ベナン
le Brésil [ル ブれズィル]	ブラジル
Madagascar [マダガスカーる]	マダガスカル
le Mexique [ル メクスィック]	メキシコ
l'Afrique du Sud [ラフりック デュ スュッド]	南アフリカ
la Colombie [ラ コロンビ]	コロンビア
la Nouvelle-Zélande [ラ ヌヴェルゼ랑ド]	ニュージーランド
le lac Léman [ル ラック レマン]	レマン湖
la Méditerranée [ラ メディテらネ]	地中海
l'océan Atlantique [ロセアン アトランティック]	大西洋
le lac Ontario [ル ラック オンタリオ]	オンタリオ湖

☆☆☆☆☆

PARTIE 2

116 mots

116-231

過去 10 年間で頻度 7 回以上の語

d'ailleurs
[ダユーる]
□□ 116

副 おまけに，しかも

bonheur
[ボヌーる]
□□ 117

男 幸福

par bonheur
[パーる ボヌーる]

熟・慣 幸いにして

dans le cadre de ...
[ダン ル カードる ドゥ]
□□ 118

熟・慣 〜の一環で，〜の範囲内で

chef
[シェフ]
□□ 119

男 頭（かしら），長

curieux,
curieuse
[キュリウ，キュリウーズ]
□□ 120

形 好奇心旺盛な，知りたがりの

dessiner
[デスィネ]
□□ 121

動 描く

diamant
[ディアマン]
□□ 122

男 ダイヤモンド

D'ailleurs, je dois faire des courses, mon réfrigérateur est vide. (13春)

それに，ぼくは買い物しなければいけない，冷蔵庫が空っぽだから．

Je vous souhaite une année pleine de **bonheur**.

幸せいっぱいの一年になるよう祈っています．

Elle est arrivée, **par bonheur,** avant qu'il commence à pleuvoir. (10秋)

幸いにも，彼女は雨が降り出す前に到着した．

Plusieurs suspects ont été arrêtés **dans le cadre de** l'enquête sur les attentats de Paris.

パリテロ事件に関する調査の一環で，何人もの容疑者が逮捕された．

Le **chef** cuisinier du restaurant est venu nous saluer quand nous allions sortir.

私たちが帰ろうとした時，レストランの料理長が挨拶をしにやってきた．

Ce qui m'a étonné le plus, c'est qu'ils sont **curieux** de connaître nos marchés et nos petits commerçants. (11春)

私が一番驚いたのは，彼らが私たちの市場や小商店主のことを知りたがっていることです．

Mais ils sont curieux de ce que je **dessine**. (11秋)

しかし彼らは，私が何を描いているのかに興味がある．

Il vend et achète des **diamants** à ses clients dans le monde entier. (11春)

彼は世界中で顧客たちにダイヤモンドの売買をしている．

durer

[デュれ]
□□ 123

動 持続する，長引く

électricité

[エレクトりスィテ]
□□ 124

女 電気

élevé(e)

[エルヴェ]
□□ 125

形 上昇した，高い

s'élever

[セルヴェ]

代動 上がる，（～に）達する

employer

[アンプろワィェ]
□□ 126

動 使用する；雇用する

huile

[ユイル]
□□ 127

女 油

insister sur ...

[アンスィステ スューる]
□□ 128

熟・慣 ～を主張する，～を強調する

nécessaire

[ネセセーる]
□□ 129

形 必要な

Tu dois aller aux toilettes maintenant : ça va **durer** longtemps, la séance suivante.	今のうちにトイレに行っておいたほうがいいよ．次のセッションは長いから．
Une grande quantité d'**électricité** sera nécessaire pour faire fonctionner cette machine. (07 春)	この機械を動かすにはたくさんの電気が必要であろう．
Les autorités chinoises ont annoncé que ces trois villes avaient été placées au niveau d'alerte à la pollution le plus **élevé**.	中国当局は，その3つの都市が大気汚染において最高警戒レベルに置かれたことを発表した．
Des nuées de cendres **s'élevaient** au-dessus du cratère.	火山灰の煙が噴火口の上に立ちのぼっていた．
Vous **employez** beaucoup de personnes ? (03 秋)	あなたは多くの人を雇用していますか？
Veux-tu bien aller acheter une bouteille d'**huile** d'olive ?	オリーブオイルを1本買ってきてくれないかい？
Le ministre des finances **a insisté sur** la coopération entre les deux pays.	財務大臣は二国間の協力を強調した．
Il est **nécessaire** de prendre un rendez-vous au préalable.	事前にアポイントメントを取っておく必要があります．

opposé(e) à ...

[オポゼ　ア]
☐☐ 130
熟·慣 〜に反対の

s'opposer à ...

[ソポゼ　ア]
熟·慣 〜に反対する，〜を妨げる

plage

[プラージュ]
☐☐ 131
女 海岸

poste

[ポスト]
☐☐ 132
男 地位，（役職の）ポスト

public

[ピュブリック]
☐☐ 133
男 大衆

rappeler

[らプレ]
☐☐ 134
動 想起させる；もう一度言う

se rappeler

[ス　らプレ]
代動 思い出す，覚えている

règle

[れーグル]
☐☐ 135
女 規則；定規

remettre en question

[るメットる　アン　ケスティオン]
☐☐ 136
熟·慣 再び問題にする

Pour ma part, je suis **opposé à** cette idée. (05秋)	私としては，その考えには反対です.
Les employés de l'usine **se sont opposés à** la modification des conditions de travail.	工場の従業員たちは労働条件の改正に反対した.
Sur la **plage**, il y avait beaucoup de monde venu voir le lever du soleil.	海岸には日の出を見に来た大勢の人たちがいた.
Aujourd'hui, elles travaillent aussi, et beaucoup ont atteint des **postes** importants. (13秋)	今日では，彼女たちも働いて，多くが重要なポストに就いている.
Le bâtiment est ouvert au **public** toute l'année.	建物は一年中一般に公開されている.
Je vous **rappelle** que ces mesures sont exceptionnelles.	もう一度言いますが，この措置は例外的なものです.
Vous ne **vous rappelez** pas votre numéro de portable ?	あなたは自分の携帯の番号を覚えていないんですか？
Le problème, c'est que les **règles** élémentaires de sécurité ne sont pas toujours respectées. (07秋)	問題は，安全の基本的なルールが必ずしも守られていないことである.
Le ministre de l'Intérieur **remet en question** la paupérisation des jeunes.	内務大臣は若者の貧困化について再び問題にする.

remettre en marche
[るメットる アン マルシュ]
熟・慣 再び動かす

se remettre à ...
[ス るメットる ア] 熟・慣 再び〜し始める

remplacer
[らンプらセ]
□□ 137
動 〜を置き換える，〜を代える

réunir
[れユニーる]
□□ 138
動 集める

se réunir
[ス れユニーる]
代動 集合する，集まる

servir
[せるヴィーる]
□□ 139
動 提供する，〜の役に立つ

se servir de ...
[ス せるヴィーる ドゥ] 熟・慣 〜を利用する，〜を自分で取る

souvenir
[スヴニーる]
□□ 140
男 思い出

studio
[ステュディオ]
□□ 141
男 ワンルームマンション

Ce projet a pour objet de **remettre en marche** la locomotive à vapeur abandonnée.	このプロジェクトは放置された蒸気機関車を再び動かすことを目的にしています.
Remettez-vous au travail ! Les vacances sont finies.	仕事を再開してください. 休暇は終わっています.
Ces nouvelles rames de métro vont peu à peu **remplacer** les rames actuelles.	地下鉄のこの新型車両は順々に現在の車両を置き換えていくでしょう.
Je compte **réunir** mes amis pour fêter le Nouvel An.	新年を祝うために友達を集めるつもりでいます.
Toute la famille **s'est réunie** pour l'anniversaire de ma grand-mère.	私の祖母の誕生日のために家族の皆が集まった.
Ça **sert** à quoi, ce petit appareil ?	この小さな機械は, 何の役に立つのですか?
On **se sert** souvent **de** ce légume dans la cuisine thaïlandaise.	その野菜はタイ料理にしばしば使われます.
Le temps embellit les **souvenirs**, mais pour les mauvais souvenirs, ce n'est pas le cas.	時は思い出を美化する. しかし悪い思い出に関しては, その限りではない.
Je cherche un **studio** pas trop cher en banlieue.	私は郊外でそれほど高くないワンルームマンションを探しています.

sujet
[スュジェ]
□□ 142
男 話題, 主題

à ce sujet
[ア ス スュジェ]
熟・慣 その話題については

tour
[トゥーる]
□□ 143
男 一周, 一回り

valeur
[ヴァルーる]
□□ 144
女 価値, 価格

varier
[ヴァリエ]
□□ 145
動 変わる, 異なる

varié(e)
[ヴァリエ]
形 多彩な, 変化に富んだ

voix
[ヴォワ]
□□ 146
女 声

volontaire
[ヴォロンテーる]
□□ 147
男 女 ボランティア

ambiance
[アンビアンス]
□□ 148
女 雰囲気

Le **sujet** de la dissertation était assez difficile cette fois.	小論文のテーマは，今回，かなり難しかった．
Stéphane n'a rien répondu **à ce sujet**.	ステファヌはその話題については何も答えなかった．
Il faut distinguer «le **tour**» et «la tour».	一周 (le tour) と塔 (la tour) は区別しなければいけません．
Quelle est la **valeur** archéologique de cet objet ?	この物の考古学的価値はどのようなものですか？
Le temps **varie** beaucoup cette semaine.	今週は天気がとても変わりやすい．
Le public est très **varié**. (01 秋)	聴衆はひじょうに多様です．
Vous pouvez parler à **voix** haute ? Je vous entends mal.	大きな声で話してもらえますか？　よく聞こえないです．
On cherche des **volontaires** pour l'événement.	私たちはイベントのためのボランティアを探しています．
J'aime bien l'**ambiance** de la ville.	私はその街の雰囲気が好きです．

arrêt
[アれ]
□□ 149

男 休止，停止；停留所

blesser
[ブレセ]
□□ 150

動 傷つける

capitale
[カピタル]
□□ 151

女 首都

clinique
[クリニック]
□□ 152

女 診療所

cœur
[クーる]
□□ 153

男 心臓；心

contenir
[コントゥニーる]
□□ 154

動 含む，(容積・容量が) ある

coup
[ク]
□□ 155

男 打撃，衝撃

du coup
[デュ　ク]

熟・慣 その結果，それで

Mon oncle est en **arrêt** maladie depuis deux semaines.	私の叔父は2週間前から病気休職中です.
Plusieurs personnes **ont été** légèrement **blessées,** mais aucune n'a été hospitalisée.	何人もの人が軽傷を負ったが，入院した者はいなかった.
La **capitale** de la Suisse n'est pas Genève.	スイスの首都はジュネーヴではありません.
La **clinique** reçoit les malades 7 jours sur 7. (07秋)	その診療所は毎日病人を受け入れている.
«Le **cœur** a ses raisons que la raison ignore» disait le philosophe Blaise Pascal.	「心には，理性にはまったく知られぬ心の理屈がある」と言ったのは，哲学者のブレーズ・パスカルであった.
Ce DVD **contient** trois épisodes.	この DVD には3つの話が入っている.
Mais tout de suite j'avais un **coup** de règle en bois sur les doigts. (12春)	しかし，私はすぐに指を木製の定規で打たれました.
J'avais nagé sans arrêt pendant 20 minutes ; **du coup**, j'ai eu mal à la tête après.	私は20分間ノンストップで泳いだ．その結果，後で頭が痛くなった.

sur le coup
[スュール ルク]

熟·慣 すぐに，その場で

éducation
[エデュカスィオン]
□□ 156

女 教育

emploi
[アンプロワ]
□□ 157

男 雇用

男 使用，使い方

encourager
[アンクらジェ]
□□ 158

動 元気づける，励ます

s'encourager
[サンクらジェ]

代動 自分自身を元気づける

étonner
[エトネ]
□□ 159

動 驚かせる

s'étonner
[セトネ]

代動 驚く，びっくりする

façon
[ファソン]
□□ 160

女 仕方，やり方

Le train a écrasé un cerf. Ce dernier est mort **sur le coup**.	列車が1頭のシカを轢いた．シカは即死であった．
Combien coûte l'**éducation** d'un enfant ?	子ども1人の教育にどれくらいお金がかかるのだろうか？
Xavier cherche un **emploi** depuis plusieurs mois.	何ヶ月も前から，グザヴィエは仕事を探している．
Vous lisez le mode d'**emploi** avant d'utiliser un produit ?	あなたは製品を使用する前に使用説明書を読みますか？
Le gouvernement a pris des mesures pour **encourager** la consommation.	政府は消費を活性化するために策を講じた．
Pour **s'encourager,** Fabien va acheter des chaussures. (12 春)	自分を元気づけようと，ファビアンは靴を買いに行く．
Cette nouvelle m'**a** vraiment **étonné**.	その知らせは私を本当に驚かせた．
Nous **nous sommes étonnés** de son comportement, mais maintenant, nous y sommes habitués.	彼の振る舞いに私たちは驚きましたが，今はもう慣れました．
Je trouve ta **façon** de parler originale.	私は君の話し方が独特だと思う．

de toute façon

[ドゥ トゥット ファソン] 熟・慣 いずれにしても

de façon ...

[ドゥ ファソン] 熟・慣 〜なやり方で

football

[フットボル]
□□ 161

男 サッカー

fou, folle

[フ, フォル]
□□ 162

形 気の狂った, 常軌を逸した

comme un fou

[コム アン フ] 熟・慣 常軌を逸して, とてつもなく

garder

[がるデ]
□□ 163

動 見守る, 保存する

avoir l'impression de ...

[アヴォワーる ランプれスィオン ドゥ] 熟・慣 〜な気がする, 〜の印象を受
□□ 164 ける

faire bonne impression sur ...

[フェーる ボンヌ アンプれスィオン スューる]

熟・慣 〜に対してよい印象を与える

intérêt

[アンテれ]
□□ 165

男 興味；利点, メリット

De toute façon, je crois que tu devrais aller voir un médecin. (01秋)	いずれにしても，君は医者に行ったほうがいいと思う．
Pouvez-vous expliquer cela **de façon simple** ?	簡潔にそれを説明してくださいますか？
Cet arbitre de **football** a présenté trois propositions pour améliorer l'arbitrage.	そのサッカーの審判員は審判方法を改善するために3つの提案を行った．
Vos amis ne pensent-ils pas que vous êtes devenu **fou** ? (10秋)	あなたの友達はあなたがおかしくなったと思いませんか？
J'entends mon voisin rire **comme un fou**.	隣の家の人が，けたたましく笑っているのが聞こえる．
J'ai gardé le dernier yaourt pour demain matin.	私は最後のヨーグルトを明朝のために取っておいた．
J'ai l'impression d'oublier quelque chose.	私は何か忘れている気がする．
Les Parisiens, souvent peu aimables et très pressés, ne **font** pas **bonne impression sur** les touristes étrangers.	パリの人は，しばしば不親切で，とても忙しくしているため，外国人旅行者によい印象を与えない．
Quel est l'**intérêt** d'attirer les personnes âgées ? (07春)	年配の人を引きつけるメリットとは何でしょう？

avec intérêt
[アヴェック アンテれ] 熟·慣 興味深く

maire
[メーる]
☐☐ 166
男 市長

mal
[マル]
☐☐ 167
副 悪く，不十分に

pas mal de ...
[パ マル ドゥ] 熟·慣 かなりの〜

avoir du mal à ...
[アヴォワーる デュ マル ア]
熟·慣 〜するのに苦労する

mètre
[メートる]
☐☐ 168
男 メートル

national (e)
[ナスィオナル]
☐☐ 169
形 国の，国民的な

*男性複数形は **nationaux** [ナスィオノ]

omelette
[オムレット]
☐☐ 170
女 オムレツ

original (e)
[オリジナル]
☐☐ 171
形 元の；独創的な

*男性複数形は **originaux** [オリジノ]

Nous avons regardé ce reportage **avec intérêt**.	私たちはこのルポルタージュを興味深く見た.
Le **maire** de la ville était aussi présent à la cérémonie.	式典にはその町の市長も出席していた.
Les viticulteurs français se sont **mal** adaptés au changement du marché. (01 春)	フランスのブドウ農家は, 市場の変化にうまく適応できなかった.
Il y avait **pas mal de** gens dans la salle de réunion.	会議室にはかなりの人がいた.
Avec ses mains engourdies par le froid, il **a eu du mal à** remplir la fiche.	寒さで手がかじかんでいたので, 彼はカードに記入するのに苦労した.
À 500 **mètres** de la gare, il y a un bureau de poste.	駅から 500 メートルのところに郵便局があります.
On chante l'hymne **national** avant de commencer le match.	試合を始める前に国家が歌われます.
Il faut faire des **omelettes** pour 100 personnes en une heure. (09 秋)	1 時間で 100 人分のオムレツを作らなければならない.
Il porte toujours un vêtement **original**.	彼はいつも独創的な服を着ている.

parfum　[ぱるファン]　□□ 172	男 香り，香水
partager　[ぱるタジェ]　□□ 173	動 分ける，共有する
préféré(e)　[プれフェれ]　□□ 174	形 お気に入りの
pyramide　[ぴらミッド]　□□ 175	女 ピラミッド
rare　[らーる]　□□ 176	形 珍しい，稀な
service　[せるヴィス]　□□ 177	男 サービス，世話，手助け
social(e)　[ソスィアル]　□□ 178	形 社会の，社会的な ＊男性複数形は **sociaux** [ソスィオ]
toit　[トワ]　□□ 179	男 屋根

C'est le savon de quelle fleur ? J'adore ce **parfum**.	これは何の花の石鹸ですか？　私はこの香りが大好きです。
J'ai partagé un appartement avec un Français. (03春)	私はフランス人とアパルトマンをシェアしました.
Danone est la marque **préférée** de toutes les générations. (00春)	ダノンは全ての世代にお気に入りのメーカーです.
On se verra devant la **pyramide** du Louvre à 10h.	10時にルーヴル美術館のピラミッドの前で会いましょう.
Cet enfant va bientôt se faire opérer pour traiter une maladie extrêmement **rare**.	その子どもは極めて稀な病気を治療するためにまもなく手術を受けます.
Je peux te demander un petit **service** ?	君にちょっと手助けをお願いしてもいい？
La sécurité **sociale** est un des services publics de l'État.	社会保障は国家の公共サービスの一つです.
Tu vois la maison avec le **toit** rouge là-bas ?	向うの赤い屋根の家が見えるかい？

traditionnel, traditionnelle

[トラディスィオネル]
☐☐ 180

形 伝統的な

transport

[トランスポーる]
☐☐ 181

男 輸送；(複数形で) 交通機関

voter

[ヴォテ]
☐☐ 182

動 投票する

accepter

[アクセプテ]
☐☐ 183

動 受け入れる，承諾する

agir

[アジーる]
☐☐ 184

動 行動する；作用する

il s'agit de ...

[イル サジ ドゥ]

熟・慣 ～が問題である，～に関することである

arrivée

[アりヴェ]
☐☐ 185

女 到着，到達

atelier

[アトリェ]
☐☐ 186

男 仕事場，アトリエ；研修会

À la fête, on porte le vêtement **traditionnel**.	祭りでは伝統衣装を着ます。
La plupart de nos employés utilisent les **transports** en commun pour venir au travail.	私たちの従業員の大多数は，職場に来るのに公共交通機関を利用しています.
Voter par Internet est possible uniquement si vous êtes installé à l'étranger.	インターネットによる投票は，あなたが海外に在住の場合にのみ可能です.
J'aimerais bien mais il faut que mon premier livre de photos ait du succès pour que l'éditeur **accepte** d'autres publications. (09 春)	そうだといいのですが，出版社が他の出版物も受け入れてくれるためには，私の最初の写真集が成功をおさめる必要があるのです.
On a lancé une campagne nationale pour **agir** contre le harcèlement à l'école.	学校でのイジメに反対する国家的キャンペーンが開始された.
Il s'agit d'un week-end consacré à la musique classique. (01 秋)	それはクラシック音楽に当てられた週末のことである.
J'aimerais connaître l'heure d'**arrivée** de ton vol pour Shanghai.	上海行きの君のフライトの到着時間を知りたいのだけれども.
Nous organisons un **atelier** de calligraphie japonaise ce samedi.	私たちは書道の研修会を今週の土曜日に企画しています.

augmenter

[オグマンテ]
□□ 187

動 増加する，増やす

---

automobile

[オトモビル]
□□ 188

女 自動車

industrie automobile 熟・慣 女 自動車産業

---

avertir

[アヴェるティーる]
□□ 189

動 警告する，通報する

---

battre

[バットる]
□□ 190

動 殴る；（記録を）破る

---

se battre

[ス　バットる]

代動 戦う，喧嘩する

---

caste

[カスト]
□□ 191

女 カースト

---

prendre en compte ...

[プランどる　アン　コント]
□□ 192

熟・慣 ～を考慮に入れる

---

se rendre compte de ...

[ス　らんどる　コント　ドゥ] 熟・慣 ～に気づく

---

tenir compte de ...

[トゥニーる　コント　ドゥ] 熟・慣 ～を考慮する

Le nombre de touristes étrangers **a** beaucoup **augmenté** l'année dernière.	外国人観光客の数は，昨年大幅に増加した．
Cette ville est bien connue pour son industrie **automobile**.	この町は自動車産業で有名だ．
Si vous trouvez un colis suspect, il faut **avertir** le service de sécurité.	不審な手荷物を発見したら，セキュリティーの人に通報しなければいけません．
Il manquait deux points pour **battre** le record.	記録を破るには 2 ポイント足りなかった．
Nous **nous battons** contre les préjugés.	私たちは偏見と闘っている．
Pour aller en cours, elle devait en effet traverser le centre du village habité par les hautes **castes**. (08 春)	彼女は授業に行くために，高いカーストの人が住む村の中心部を実際に横切る必要があった．
Il faut aussi **prendre en compte** les facteurs culturels. (01 秋)	文化的な要因も考慮に入れる必要があります．
Je **me suis rendu compte de** sa présence tout de suite.	私は彼（女）の存在にすぐ気がついた．
Je serai content si vous **tenez compte de** ma demande.	私のお願いを考慮していただけましたら嬉しく思います．

en ce qui concerne ...

[アン ス キ コンセるヌ]
□□ 193

熟・慣 ～に関して言えば

conseil

[コンセイユ]
□□ 194

男 助言；会議

conseiller

[コンセイェ]
□□ 195

動 助言する，勧める

considérer

[コンスィデれ]
□□ 196

動 よく見る，考察する

considérer comme ...

[コンスィデれ コム]

熟・慣 ～と見なす

créateur,

créatrice

[クれアトゥーる, クれアトリス]
□□ 197

男 女 創作者；製造元

déposer

[デポゼ]
□□ 198

動 置く，預ける，提出する

détester

[デテステ]
□□ 199

動 嫌う

une dizaine de ...

[ユヌ ディゼンヌ ドゥ]
□□ 200

熟・慣 およそ 10 の～

En ce qui me **concerne**, ça m'est égal.	私に関して言えば，どちらでも構いません．
Mon fils ne veut pas suivre mon **conseil**.	息子は私の助言に従おうとしない．
Je vous **conseille** de lire ce nouveau roman d'amour.	あなたにこの新しい恋愛小説を読むことをお勧めします．
Nous devons **considérer** ce problème sous tous ses aspects.	我々はこの問題をあらゆる面から考察すべきである．
L'italien **est considéré comme** la langue la plus belle du monde.	イタリア語は世界で最も美しい言語だと見なされている．
Il n'y a pas de diplômes nécessaires pour devenir **créateur** de mode.	ファッションクリエーターになるために必要とされる免状はない．
Vous ne pouvez **déposer** de l'argent que sur votre compte.	あなたは自分の口座にしかお金を預けることができません．
Mais tu sais, je ne **déteste** pas qu'on se croise dans le quartier... (00 春)	でもね，その界隈ですれ違うのは嫌じゃないけど…
J'ai passé **une dizaine d**'années à Paris.	私は10年ほどパリで過ごした．

échanger

［エシャンジェ］
☐☐ 201

動 交換する，やりとりする

faire des efforts pour ...

［フェーる　デゼフォーる　プーる］　熟・慣 ～のために努力する
☐☐ 202

se fâcher

［ス　ファシェ］
☐☐ 203

代動 怒る，腹を立てる

facteur,

factrice

［ファクトゥーる，ファクトリス］
☐☐ 204

男 女 郵便配達人

gouvernement

［グヴェるヌマン］
☐☐ 205

男 政府

loyer

［ロワイェ］
☐☐ 206

男 家賃

moto

［モト］
☐☐ 207

女 バイク

nettoyage

［ネトワヤージュ］
☐☐ 208

男 掃除，洗浄

Ils **ont échangé** leurs idées pendant plus d'une heure.

彼らは1時間以上の間意見を交換した.

Mon petit frère **a fait** beaucoup d'**efforts pour** passer le concours.

私の弟は選抜試験を受けるためにたいへん努力した.

Pourquoi **vous êtes**-vous tellement **fâché** ? (05 秋)

あなたはなぜそんなに腹を立てたのですか?

Le **facteur** m'a appelé à l'interphone pour entrer dans le bâtiment.

郵便配達人は建物の中に入るため, インターフォンで私を呼んだ.

La manifestation contre la décision du **gouvernement** aura lieu ce mardi.

政府の決定に反対するデモがこの火曜日に催される.

Le **loyer** est prélevé chaque mois sur mon compte bancaire.

家賃は私の銀行口座から毎月引き落とされる.

À Paris, en effet, plus de 35 enfants passagers de vélo ou de **moto** ont été gravement blessés en 2006. (07 秋)

パリでは, 実際に, 2006年に自転車やバイクに同乗した子ども35人以上が重傷を負った.

Normalement, le **nettoyage** des rues s'effectue une fois par semaine.

通常, 道路洗浄は, 週に1回行われます.

| **origine**
[オリジーヌ]
□□ 209 | 囡 起源；出身，産地 |

| **à l'origine de ...**
[ア　ロリジーヌ　ドゥ] | 熟・慣 ～の原因である |

| **paraître**
[パれートる]
□□ 210 | 動 現れる；～のように思われる |

| **particulier,**
particulière
[パるティキュリエ，パるティ
キュリエール]
□□ 211 | 形 独特の；個人的な |

| **en particulier**
[アン　パるティキュリエ] | 熟・慣 特に |

| **paysan,**
paysanne
[ペイザン，ペイザンヌ]
□□ 212 | 男 囡 農民 |

| **plein(e) de ...**
[プラン(プレンヌ)　ドゥ]
□□ 213 | 熟・慣 たくさんの～ |

| **en plein air**
[アン　プレネーる] | 熟・慣 屋外で |

Quelle est l'**origine** de cette coutume ?	この風習の起源は何ですか?
Le suicide est **à l'origine de** près de 27 décès par jour en France, en majorité des hommes.	自殺が原因となってフランスでは一日に約27名が亡くなっており，その大部分が男性である.
Ça me **paraît** très intéressant. (03 春)	私にはとても面白いように思えます.
En quoi les vacances d'été de l'école en question sont-elles **particulières** ? (08 春)	問題になっている学校の夏休みは何が独特なのですか?
J'adore ce film, **en particulier** sa musique.	この映画が大好きです．特に音楽が好きです.
Pour travailler la terre, il faut être né **paysan**.	土地を耕し糧を得るためには，農民に生まれる必要がある.
À Londres, il pleut sans cesse, mais ce Londres brumeux et lourd est **plein de** souvenirs.	ロンドンでは雨が止むことなく降る．けれども，そんな陰鬱で重苦しいロンドンは思い出にあふれている.
La piscine **en plein air** sera ouverte à partir du 1er juillet.	屋外プールは7月1日から利用可能になります.

en plein milieu de ...

[アン プラン ミリュ ドゥ] 熟・慣 ～の真っただ中で, ～のど真ん中で

pleurer

[プルれ]
□□ 214

動 泣く

mettre ... au point

[メットる オ ポワン]
□□ 215

熟・慣 ～を調整する；～を開発する

être sur le point de ...

[エートる スューる ル ポワン ドゥ] 熟・慣 まさに～しようとしている

au point de ... / que ...

[オ ポワン ドゥ／ク] 熟・慣 ～するほどまでに

principal(e)

[プらンスィパル]
□□ 216

形 主要な

＊男性複数形は **principaux** [プらンスィポ]

protéger

[プろテジェ]
□□ 217

動 保護する

rapport

[らポーる]
□□ 218

男 関係；報告書

par rapport à ...

[パーる らポーる ア] 熟・慣 ～に比べて，～との関連で

On m'a appelé au téléphone **en plein milieu de** la nuit.	誰かが真夜中に電話をかけてきた.
Je me demandais pourquoi elle **pleurait** devant le guichet.	私は彼女がなぜ窓口の前で泣いているのだろうと思った.
Toutefois, une méthode globale pour compter leur nombre **a été mise au point** par un chercheur français. (00 秋)	しかし, それら (=オオヤマネコ) の数を数える包括的方法はフランス人研究者によって開発された.
Le bus **était sur le point de** partir quand je suis arrivé à l'arrêt.	バス停に着いたまさにその時, バスは発車しようとしていた.
Hannah est trop fatiguée **au point qu'**elle n'arrive pas à manger.	アナはあまりに疲れていて, 食事ができないくらいだ.
Quelle est l'industrie **principale** du pays ?	その国の主要産業は何ですか?
Ce support spécial sert à **protéger** les arbres contre le poids de la neige.	この特別な支柱は雪の重みから木々を守るために役立ちます.
Leurs reproches n'ont aucun **rapport** avec notre sujet.	彼らの非難は私たちのテーマとは何の関係もない.
Il est grand **par rapport à** la moyenne. (04 秋)	彼は平均よりも背が高い.

rassembler
[らサンブレ]
□□ 219

動 寄せ集める，集合させる

se rassembler
[ス　らサンブレ]

代動 再び集まる，集合する

remarquer
[るマるケ]
□□ 220

動 注目する，気づく，指摘する

risquer de ...
[りスケ　ドゥ]
□□ 221

熟・慣 〜するおそれがある，〜するかもしれない

sens
[サンス]
□□ 222

男 感覚，知覚，勘

sens unique
[サンス　ユニック]

熟・慣 男 一方通行

soin
[ソワン]
□□ 223

男 心配り；世話

avec soin
[アヴェック　ソワン]

熟・慣 丁寧に，しっかりと

Le professeur nous **a rassemblés** devant l'entrée du musée.	先生は私たちを美術館の入口前に集合させた.
Après 15 minutes de pause, tout le monde **s'est rassemblé** pour voir la seconde partie du match.	15分間の休憩の後，試合の後半を見るために皆が再び集まってきた.
Personne sauf Aurélie n'**a remarqué** cette erreur.	オレリー以外は誰もこの誤りに気づかなかった.
Son projet **risque d'**échouer.	彼(女)のプロジェクトは失敗するおそれがある.
Ma femme a un bon **sens** de l'orientation.	私の妻は方向感覚がよい.
Dans certaines rues à **sens unique**, il est autorisé de passer à contresens en vélo.	いくつかの一方通行の道では，自転車で反対方向に走ることが許可されている.
Contrairement à ce que vous imaginez, les poissons tropicaux exigent beaucoup de **soin**.	あなたが想像しているのとは逆に，熱帯魚はとても世話がかかります.
Le professeur a corrigé mon texte **avec soin**.	先生は入念に私の文章を添削した.

soirée

[ソワれ]
□□ 224

女 晩；夜のパーティー，夜の公演

supporter

[スュポるテ]
□□ 225

動 我慢する，耐える

tel, telle

[テル]
□□ 226

形 そのような，それほどの

tel (telle) que ...

[テル　ク]

熟・慣 ～のような

terre

[テーる]
□□ 227

女 地面

tremblement de terre 熟・慣 男 地震

par terre

[パーる　テーる]

熟・慣 地面に

au total

[オ　トタル]
□□ 228

熟・慣 合計で

pour toujours

[プーる　トゥジューる]
□□ 229

熟・慣 いつまでも，永久に

depuis toujours

[ドゥピュイ　トゥジューる]　熟・慣 ずっと前から

Une centaine de personnes ont participé à une **soirée** de prières organisée par cette église.	その教会によって企画された祈りの夕べに 100 人程の人々が参加した.
Frédéric n'a pu que **supporter** le bruit de son voisin qui a duré toute la nuit.	フレデリックは一晩中続いた隣人の騒音に我慢するしかなかった.
C'est incroyable, je n'avais pas prévu un **tel** succès. (10春)	信じられない，そのような成功を予測していなかったから.
À votre départ, pensez à ranger la vaisselle **telle qu'**elle était.	（部屋を）引き払う際には，食器を元の状態にするようにしてください.
Un tremblement de **terre** de magnitude 5,2 s'est produit au large des côtes marocaines.	モロッコ沖でマグニチュード 5.2 の地震が起きた.
Ne t'assois pas **par terre** ! (03春)	地面に座るのはやめなさい!
En comptant ceux qui viendront plus tard, nous sommes douze **au total**.	後からやってくる人たちを含めると，私たちは総勢 12 名です.
Je me souviendrai de cette expérience **pour toujours**.	私はこの経験をいつまでも覚えているだろう.
J'aime le Japon **depuis toujours**. (05秋)	私はずっと前から日本が好きです.

tour

[トゥーる]
□□ 230

女 塔，タワー

Tour Eiffel 固有 女 エッフェル塔

tourner

[トゥるネ]
□□ 231

動 回る，回す；撮影する

tourner le dos à ...

[トゥるネ ル ド ア] 熟・慣 〜に背を向ける

En 2015, près de 7 millions de personnes ont visité la **Tour** Eiffel.	2015 年に約 700 万人が エッフェル塔を訪れた.
Il existe plusieurs satellites qui **tournent** autour de Jupiter.	木星の周りを回っている衛星が複数ある.
Malgré le scandale, ses fans ne **lui ont** jamais **tourné le dos**.	スキャンダルにもかかわらず, ファンは決して彼(女)に背を向けることはなかった.

BNP Paribas [ベーエヌペ パリバ]　　　BNP パリバ（金融）

France 2 [フランス ドゥ]　　　フランス・ドゥ（テレビ局）

Galeries Lafayette [ガルリ ラファイエット] ギャラリー・ラファイエット（デパート）

HERMES [エるメス]　　　エルメス（高級ブランド）

LCL [エルセエル]　　　クレディ・リヨネ（金融）
　　　　　　　　　　　　　（Le Crédit lyonnais）

Le Bon Marché [ル ボン マるシェ]　　　ボン・マルシェ（デパート）

l'École normale de musique de Paris
[レコール ノるまる ドゥ ミュズィック ドゥ パり]　エコールノルマル音楽院

l'École normale supérieure
[レコール ノるまる スュぺりユーる]　　　高等師範学校

Lesieur [ルスィユ]　　　ルスィユ（食品）

L'Occitane [ロクスィターヌ]　　　ロクシタン（化粧品）

L'Oréal [ロれアル]　　　ロレアル（化粧品）

LVMH [エルヴェーエムアッシュ]　モエ ヘネシー・ルイ ヴィトン（高級ブランド）

Michelin [ミシュらン]　　　ミシュラン（タイヤ）

Monoprix [モノプリ]　　　モノプリ（スーパー）

Moulinex [ムリネクス]　　　ムリネクス（食器）

Orange [オらンジュ]　　　オランジュ（通信）

Peugeot [プジョ]　　　プジョー（自動車）

Picard [ピカーる]　　　ピカール（冷凍食品）

Renault [るノ]　　　ルノー（自動車）

Société Bic [ソスィエテ ビック]　　　ビック（文房具）

Yves Saint Laurent [イヴ サン ロらン] イヴ・サンローラン（高級ブランド）

PARTIE 3

153 mots

232-384

過去 10 年間で頻度 5 回以上の語

absence
[アブサンス]
□□ 232

女 不在，留守，欠如

adresser
[アドれセ]
□□ 233

動 （郵便物等を）出す；（言葉等を）かける

s'adresser à ...
[サドれセ　ア]

熟・慣 ～に出向く；～に問い合わせる

affirmer
[アフィるメ]
□□ 234

動 断言する，言明する

agence
[アジャンス]
□□ 235

女 業者，代理店

agro-alimentaire
[アグろアリマンテーる]
□□ 236

形 農産物加工業の

appartenir à ...
[アパるトゥニーる　ア]
□□ 237

熟・慣 ～に属する

arranger
[アらンジェ]
□□ 238

動 整える，アレンジする

L'**absence** de neige a plombé le début de saison des stations de ski.	雪不足がスキー場のシーズン初めの出足を鈍らせた.
Tout le monde **a adressé** ses compliments au réalisateur.	皆がその映画監督に賛辞を送った.
Pour tout renseignement, il faut que vous **vous adressiez à** la réception.	聞きたいことがあれば, フロントに問い合わせなければなりません.
Robert Canning **affirme** qu'il n'a aucune intention de tuer les chats néo-zélandais. (13秋)	ロバート・カニングは, 自分はニュージーランドの猫を殺す意図など全くないと言明する.
On peut faire une demande de visa auprès d'une **agence** de voyage ?	旅行代理店でビザ申請をすることはできますか?
Dans ce village, la plupart des habitants sont impliqués dans l'industrie **agro-alimentaire**.	この村では住民の大半が農産物加工業に従事している.
La commune de Saint-Émilion **appartient à** quel département ?	サンテミリオンの町は何県に属していますか?
Comment peut-on **arranger** les fleurs joliment ?	どのようにしたらきれいに花を生けることができるだろうか?

s'arranger 代動 うまくやる，手はずを整える

[サランジェ]

arrondissement

[アろンディスマン]
□□ 239 男 区

bas, basse 形 低い

[バ, バス]
□□ 240

bout 男 端

[ブ]
□□ 241

au bout de ...

[オ ブ ドゥ] 熟・慣 ～の末に，～の終わりに

commerçant(e)

[コメるサン(ト)]
□□ 242 男 女 商人

conducteur, 男 女 運転手

conductrice

[コンデュクトゥーる, コン
デュクトリス]
□□ 243

consister en ...

[コンスィステ アン]
□□ 244 熟・慣 ～から成る

Pas de problème. Je **m'arrangerai** tout seul.	問題ありません。一人でうまくやりますから。
L'Hôtel de ville de Paris se trouve dans le IVe **arrondissement**.	パリ市庁舎は 4 区にある。
Sa famille appartient à la caste des «dalits», le plus **bas** niveau du système social hindou. (08 春)	彼女の家族は、ヒンズー社会で最も低いカーストの「dalits」に属している。
Quoi qu'on me dise, j'irai jusqu'au **bout**. (13 春)	人に何と言われようと、私は最後までやるつもりです。
Les toilettes se trouvent **au bout du** couloir.	トイレは廊下の突き当たりにあります。
Il faut que les **commerçants** fassent attention à ce qu'ils vendent ! (13 秋)	商人は自分の売っているものに注意しなければならない。
Conducteur de train reste toujours une des professions les plus populaires chez les enfants japonais.	電車の運転士は日本の子どもたちにとって常に最も人気の職業のひとつである。
Cette série **consiste en** cinq saisons.	このシリーズ作品は 5 つのシーズンから成る。

convaincre
[コンヴァンクる]
□□ 245
動 説得する

corps
[コーる]
□□ 246
男 体

garde du corps
[ガるド デュ コーる] 熟・慣 男 ボディーガード

au cours de ...
[オ クーる ドゥ]
□□ 247
熟・慣 ～の間に，～の途中で

développer
[デヴロペ]
□□ 248
動 開発する，発展させる

se développer
[ス デヴロペ]
代動 発展する

direction
[ディれクスィオン]
□□ 249
女 方角；指導，指揮

eh
[エー]
□□ 250
間投 ああ，ええ

ensemble
[アンサンブル]
□□ 251
副 一緒に，ともに

J'ai bien essayé, mais je ne suis pas arrivé à le **convaincre**.	ずいぶん試みたものの，私は彼を説得することができなかった．
Cette exposition vise à montrer les mystères du **corps** humain.	この展覧会は人体の不思議を紹介することをねらいとしている．
Le **garde du corps** d'un dessinateur connu a été tué lors de l'attaque de Charlie Hebdo.	有名な挿絵画家のボディーガードがシャルリ・エブドの襲撃の際に殺害された．
Au cours de son voyage, il a fait la connaissance de beaucoup de gens.	旅行の間に，彼は多くの人と知り合いになった．
Nous avons besoin de vos conseils pour **développer** notre projet.	プロジェクトを発展させるために，私たちはあなたの助言が必要です．
C'est grâce à leur fidélité que mes affaires **se développent**. (03秋)	彼らの誠実さのおかげで，私の事業は発展しています．
Notre projet marche très bien sous votre **direction**.	あなたの指導の下で，私たちのプロジェクトはとても順調に進んでいる．
Eh, oui, les stars aussi ont leurs mauvais jours !	ああ，そうだよ，スターにも売れない日々があるのさ！
Ensemble, on peut surmonter cette situation difficile !	一緒なら，私たちはこの逆境を乗り越えることができる！

dans l'ensemble

［ダン ランサンブル］ 熟・慣 全体としては

estimer

［エスティメ］
□□ 252
動 評価する，〜と考える

c'est (de) la faute de ...

［セ（ドゥ）ラ フォット ドゥ］ 熟・慣 〜のせいだ，〜に落ち度がある
□□ 253

faute de temps

［フォット ドゥ タン］ 熟・慣 時間がないので

sans faute

［サン フォット］
熟・慣 必ず，間違いなく

faute de mieux

［フォット ドゥ ミュ］ 熟・慣 やむを得ず，仕方ないので

fauteuil roulant

［フォトゥイユ るラン］
□□ 254
熟・慣 男 車椅子

ferme

［フェるム］
□□ 255
女 農園

fermer

［フェるメ］
□□ 256
動 閉める，閉じる

Dans l'ensemble, ce roman est bien écrit.	全体としてはよくできた小説だ.
Les analystes **estiment** que le pouvoir d'achat continuera à augmenter pour quelque temps.	アナリスト達は購買力が当分の間は上昇し続けるだろうと考えている.
Ce n'est pas **notre faute**. Nous ne pouvons malheureusement rien faire. (00 春)	私たちのせいではありません. 私たちは残念ながら何もできません.
Faute de temps, j'ai passé quelques chapitres.	時間がなかったので, 私はいくつかの章を読み飛ばした.
Rendez-vous **sans faute** à 14h au bureau.	14 時にオフィスで必ず会いましょう.
Faute de mieux, j'ai choisi cet emploi. (12 秋)	やむを得ず, 私はその仕事を選んだ.
Une porte de 105 cm de large est prévue pour laisser passer les **fauteuils roulants**.	車椅子を通せるようにするため, 幅105㎝のゲートが1 つ用意される予定だ.
Une entreprise japonaise lancera la première **ferme** où des robots feront tout depuis l'arrosage jusqu'à la récolte.	日本のある企業が, ロボットが水やりから収穫まで全てを行う農園の第一号を世に出す予定です.
Là, les magasins et les bureaux **ferment** entre midi et 14 heures.	そこでは, 店とオフィスは正午と 14 時の間閉まります.

fermer les yeux sur ...

[フェるメ レ ズィユ スューる] 熟・慣 ～を見ぬふりをする

grandir

[グランディーる]
□□ 257

動 大きくなる，成長する

indiquer

[アンディケ]
□□ 258

動 表示する，教える

indispensable pour ...

[アンディスパンサーブル　プーる] 熟・慣 ～にとって不可欠の
□□ 259

joie

[ジョワ]
□□ 260

女 喜び

matière

[マティエーる]
□□ 261

女 物質，材料；科目

meilleur(e)

[メイユーる]
□□ 262

男 女 最もよいもの

membre

[マンブる]
□□ 263

男 メンバー

ménage

[メナージュ]
□□ 264

男 家事

Cette fois, **fermons les yeux sur** les petites fautes de grammaire.	今回は小さな文法の誤りは見ないことにしましょう.
Je suis né à Toulouse et j'y **ai grandi** jusqu'à l'âge de 18 ans.	私はトゥールーズで生まれ, そこで18歳まで大きくなりました.
Saisissez le code **indiqué** sur votre écran.	画面に表示されているコードを入力してください.
Je pense que ce joueur est **indispensable pour** notre équipe.	あのプレーヤーは私たちのチームに不可欠だと思います.
En regardant le résultat des examens, elle a pleuré de **joie**.	試験の結果を見て, 彼女はうれしくて泣いた.
Pour votre santé, évitez de prendre trop de **matière** grasse.	健康のために, 脂質の摂りすぎを避けてください.
Nous avons examiné les textes écrits par les candidats et choisi les 15 **meilleurs**. (07 秋)	私たちは候補者が書いた文章を読み, 優れた上位の15を選んだ.
Tous les **membres** du jury étaient présents dans la salle de réunion.	会議室には審査委員会のメンバー全員がいた.
Marius compte employer une femme de **ménage**.	マリユスは家政婦を雇おうと考えている.

message

[メサージュ]
□□ 265

男 メッセージ

milieu

[ミリュ]
□□ 266

男 真ん中；境遇，環境

*複数形は **milieux** [ミリュ]

au milieu de ...

[オ ミリュ ドゥ]

熟・慣 〜の真ん中で，〜の間で

moitié

[モワティエ]
□□ 267

女 半分

mort

[モーる]
□□ 268

女 死

peine de mort 熟・慣 女 死刑

mort(e)

[モーる, モるト]

形 死んでいる

niveau

[ニヴォ]
□□ 269

男 段階，レベル

*複数形は **niveaux** [ニヴォ]

au niveau de ...

[オ ニヴォ ドゥ]

熟・慣 〜の高さに；〜に関して

Le **message** a été marqué comme «non lu».	メッセージは「未読」としてマークされました.
Figure importante du **milieu** littéraire français, Michel Tournier est décédé à 91 ans.	フランス文学界の重鎮であったミシェル・トゥルニエが 91 歳で逝去した.
Plusieurs dizaines d'hommes masqués ont convergé **au milieu de** la place pour attaquer des migrants.	何十人というマスクをした男たちが，移民を攻撃するために広場の真ん中に集結した.
La première **moitié** de la semaine s'est bien passée.	週の前半は順調に過ぎた.
Il y avait une manifestation contre la peine de **mort** devant la Cour Suprême.	最高裁の前で死刑に反対するデモがあった.
Un étudiant étranger disparu au Caire a été retrouvé **mort** dans un fossé.	カイロで行方不明になっていた外国人学生が溝の中で死体で発見された.
Le **niveau** de son français est excellent.	彼(女)のフランス語のレベルは素晴らしい.
Au niveau du rapport qualité-prix, on est bien content.	コストパフォーマンスに関しては，私たちはとても満足している.

nouveau ［ヌヴォ］ □□ 270	男 新しいもの，変わったこと ＊複数形は **nouveaux**
à nouveau ［ア　ヌヴォ］	熟・慣 あらためて
de nouveau ［ドゥ　ヌヴォ］	熟・慣 再び，もう一度
opinion ［オピニョン］ □□ 271	女 意見，見解
ouvert(e) ［ウヴェーる，ウヴェるト］ □□ 272	形 開いている，営業している
petit(e) ［プティ，プティット］ □□ 273	男 女 子ども
physique ［フィズィック］ □□ 274	形 物理的な；身体的な
pièce ［ピェス］ □□ 275	女 1個，部品；部屋
	女 劇，芝居，（芸術）作品

Les téléspectateurs ne cherchent rien de **nouveau**.	テレビ視聴者は何も新しいものを求めていない.
Examinons le problème **à nouveau**.	問題をあらためて検討しましょう.
Sur le site officiel, vous pouvez **de nouveau** regarder le programme.	公式サイト上で, 番組をもう一度見ることができます.
Le président se soucie enfin de l'**opinion** publique.	大統領は結局のところ世論を心配している.
Le magasin est **ouvert** tous les jours sauf le dimanche.	店は日曜以外の毎日営業しています.
Véronique me sourit comme toujours et pousse son **petit** devant elle.	ヴェロニックは私にいつものように微笑みかけ, 子どもを自分の前に押し出す.
Laurent préfère l'activité **physique** à l'activité intellectuelle.	ロランは知的活動よりも体を使う活動のほうが好きだ.
Ça coûte 1€20 la **pièce**.	それは 1 個 1.20 ユーロだ.
Ils font jouer depuis six ans leurs élèves dans des **pièces** de théâtre. (09 秋)	彼らは 6 年前から芝居の中で学生たちに演じさせている.

possibilité

[ポスィビリテ]
□□ 276

女 可能性，見込み

---

premier,

première

[プるミエ，プるミエール]
□□ 277

男 女 最初の人，前者

---

président(e)

[プれズィダン(ト)]
□□ 278

男 女 会長，議長；大統領

---

prison

[プリゾン]
□□ 279

女 刑務所，監獄

---

privé(e)

[プリヴェ]
□□ 280

形 私的な，私立の

à propos

[ア プろポ]
□□ 281

熟・慣 ところで

à propos de ...

[ア プろポ ドゥ]

熟・慣 〜について，〜に関して

---

propriétaire

[プろプリエテール]
□□ 282

男 女 所有者；家主

Je fais une licence en droit et j'aimerais faire mon master en Angleterre. Quelles sont les **possibilités** ?	私は学部で法律を勉強していて，イギリスで修士課程をやりたいのです．どんな可能性がありますか？
Julie était la **première** à poser une question.	質問をした最初の人はジュリーだった．
L'ancien **président** du club n'est pas content de cette décision.	クラブの元会長はその決定に不満だ．
L'homme a passé un an en **prison** pour des accusations de viol.	男は強姦罪で起訴され，1年間を刑務所で過ごした．
Il ne faut pas poser des questions sur la vie **privée** d'autrui.	他人の私生活に関する質問をしてはいけない．
À propos, je voulais vous demander une chose...	ところで，一つお聞きしたかったことがあるのですが…
À propos d'un disque que j'ai acheté chez vous, j'ai un petit problème. (04 秋)	お宅で買ったレコードなんですが，ちょっと問題がありまして．
Qui est le **propriétaire** de ce chien ?	この犬の飼い主は誰ですか？

ramasser [らマセ] □□ 283	動 寄せ集める，拾う
record [るコーる] □□ 284	男 記録
rentrée [らントれ] □□ 285	女 帰ること；新学期
représenter [るプれザンテ] □□ 286	動 表す；演じる；代表する
responsabilité [れスポンサビリテ] □□ 287	女 責任
retraité(e) [るトれテ] □□ 288	男 女 退職した人
satisfaire [サティスフェーる] □□ 289	動 満足させる
satisfait(e) [サティスフェ(ット)]	形 満足している

On **ramasse** des ordures tous les matins.	毎朝ごみが収集される.
C'était un grand succès. Nous avons battu tous nos **records**. (00秋)	それは大成功でした. 自分たちのあらゆる記録を破ったのです.
Dès la **rentrée**, la réforme de l'orthographe sera appliquée dans les manuels scolaires.	新学期からすぐに, 正書法改正が教科書に適用されることになる.
En ville, si on pense à l'inconvénient que **représentent** les embouteillages, il n'est pas toujours avantageux de se déplacer en voiture. (07秋)	街では, 渋滞による不便を考えると, 車で移動するのは必ずしも得策だとは言えません.
En acceptant la **responsabilité**, le préfet a démissionné.	責任をとって, 知事が辞職した.
Le pouvoir d'achat est très fort chez les **retraités**.	退職者の購買力はとても旺盛だ.
Jeanne pense que la direction devrait trouver une solution pour **satisfaire** les fumeurs et les non-fumeurs. (02春)	ジャンヌは経営側が喫煙者と禁煙者を満足させるような解決策を見つけなければならないと考えている.
Nous sommes déçus du résultat mais **satisfaits** de ce qu'ont montré les joueurs de cette équipe.	私たちは結果には落胆したが, そのチームの選手たちが見せてくれたことには満足している.

ski
[スキ]
□□ 290
男 スキー

soigner
[ソワニェ]
□□ 291
動 世話する，看護する

se soigner
[ス ソワニェ]
代動 健康に気をつける

souffrir de ...
[スフリーる ドゥ]
□□ 292
熟・慣 〜で苦しむ

texte
[テクスト]
□□ 293
男 文章，本文

transporter
[トランスポるテ]
□□ 294
動 輸送する

unique
[ユニック]
□□ 295
形 唯一の，独自の

achat
[アシャ]
□□ 296
男 購入

actuellement
[アクテュエルマン]
□□ 297
副 現在，目下，今のところ

Tout le monde sait que vous avez été championne de **ski**. (05秋)	あなたがスキーのチャンピオンになったことは皆知っています.
Ils **ont soigné** leur enfant toute la nuit.	彼らは一晩中子どもの看病をした.
Soigne-toi bien. (01秋)	健康には気をつけてね.
Je **souffre d'**une allergie au pollen. (01秋)	私は花粉症に苦しんでいます.
Choisissez tout d'abord un **texte**, et analysez-le.	まず文章を一つ選んで, それを分析してください.
Il **a été transporté** à l'hôpital par hélicoptère. (00秋)	彼は病院にヘリコプターで搬送された.
Le gouvernement chinois a mis fin à sa politique de l'enfant **unique**.	中国政府は自らの一人っ子政策に終止符を打った.
Les étudiants n'ont pas besoin d'en sortir pour faire des **achats**. (09春)	学生たちは買い物をするためにそこから外に出る必要はない.
Le tarif du ticket est **actuellement** 1€80.	切符の値段は現在1.80ユーロだ.

adapter
[アダプテ]
□□ 298
動 適合させる，アレンジする

---

adapté(e) à ...
[アダプテ　ア]
熟・慣 〜に適応した

---

s'adapter à ...
[サダプテ　ア]
熟・慣 〜に適応する，〜に順応する

aiguille
[エギュィーユ]
□□ 299
女 針

ajouter
[アジュテ]
□□ 300
動 付け加える，足す

améliorer
[アメリオれ]
□□ 301
動 改良する，改善する

---

s'améliorer
[サメリオれ]
代動 改良される，改善される

---

amuser
[アミュゼ]
□□ 302
動 楽しませる，気を紛らわす

Ce film d'horreur va prochainement **être adapté** à la télévision par France 2.	このホラー映画は近々フランス2でテレビドラマ化される予定です.
À Paris il n'y a pas de bus **adaptés aux** handicapés en fauteuil roulant. (02秋)	パリでは，車椅子の障がい者に対応したバスはありません.
Vous **vous êtes** déjà **adaptés à** la culture locale ?	あなた方はその地方の文化にもう慣れましたか?
Toutes les **aiguilles** doivent être immédiatement jetées après utilisation.	全ての（注射）針は使用後に直ちに捨てられなければならない.
Vous pouvez en **ajouter** jusqu'à deux, mais pas trois. (00秋)	あなたは2つまで（フライトを）追加できますが，3つはダメです.
Les pilotes veulent les cockpits fermés pour **améliorer** la sécurité.	パイロットたちは安全性を改善するためにコックピットを閉めておくことを望んでいる.
La situation **s'améliore** pour les jeunes, mais devient de plus en plus critique pour les seniors.	状況は若者にとっては改善されるものの，中高年にとってはますます深刻になる.
Je rencontre beaucoup de clients un peu étranges, et ça m'**amuse** bien. (01秋)	たくさんのちょっと変わったお客に会えて，私はとても楽しいのです.

s'amuser [サミュゼ]	代動 楽しむ, 遊ぶ
apprentissage [アプらンティサージュ] □□ 303	男 学習
atteindre [アタンドる] □□ 304	動 達する, 到達する
auprès de ... [オプれ ドゥ] □□ 305	熟·慣 ～のところで
autoriser [オトりゼ] □□ 306	動 許可する
bêtise [ベティーズ] □□ 307	女 愚かさ, 愚かな言動
bicyclette [ビスィクレット] □□ 308	女 自転車
blé [ブレ] □□ 309	男 小麦
boîte [ボワット] □□ 310	女 箱, 缶 **boîte de conserve** 熟·慣 女 缶詰

Nous **nous sommes** bien **amusés** dans le parc.	私たちは公園でよく遊びました.
Le ministre de l'Éducation annonce l'**apprentissage** obligatoire d'une deuxième langue dès l'école primaire.	教育相が小学校からの第2言語の必修化を発表する.
On avait distribué 36 millions de repas l'année dernière, et on **a atteint** les 40 millions cette année. (00 秋)	去年は 3600 万食を配給しました, 今年は 4000 万食に達しました.
Le renouvellement de la carte de séjour s'effectue **auprès de** la préfecture de police.	滞在許可証の更新は警視庁で行われます.
Il n'**est** pas **autorisé** de manger ou de boire dans le car.	長距離バスの中での飲食は許可されていません.
Depuis son arrivée au pouvoir, il ne fait que des **bêtises**. (01 春)	権力に就いてからというもの, 彼は愚かな言動しかしていない.
J'affronte neige et vent sur ma **bicyclette** pour me rendre au travail.	仕事に行くために, 私は自転車に乗って, 雪と風に立ち向かう.
Tous nos pains sont fabriqués à partir de farine de **blé** français.	当店のパンは全てフランス産の小麦粉で作られています.
Gabriel met tous ses CDs dans cette **boîte**.	ガブリエルは自分の CD を全部この箱に入れる.

être capable de ...

[エートる カパーブル ドゥ]
□□ 311

熟·慣 ～することができる

caractère

[からクテーる]
□□ 312

男 特性, 性格, 個性；文字

charcutier,
charcutière

[シャるキュティエ, シャるキュティエーる]
□□ 313

男 女 豚肉屋

chic

[シック]
□□ 314

形 粋な, 素敵な

colline

[コリヌ]
□□ 315

女 丘

commerce

[コメるス]
□□ 316

男 商売, 貿易；商店

comparer

[コンパれ]
□□ 317

動 比較する

comparer à ...

[コンパれ ア]

熟·慣 ～にたとえる

Il n'**était** pas **capable d'**achever ce travail. (04 秋)	彼はこの仕事を完成することができなかった.
Au fait, que veut dire «studio de **caractère**» ? (04 春)	ところで，「個性的なワンルーム」とはどういうことですか?
Vous êtes un **charcutier** bien connu dans le quartier. (12 秋)	あなたはこの界隈ではとても有名な豚肉屋さんです.
L'ancien ministre a quitté son appartement très **chic** du VIIe arrondissement.	前大臣は7区のとてもおしゃれなアパルトマンを出て行った.
On voit une petite église en haut de la **colline**.	丘の上に小さな教会が見えます.
La rue est maintenant barrée, mais l'accès aux **commerces** est maintenu.	道は現在通行止めですが，商店への通路は確保されています.
Arnaud **a comparé** la BD française avec le manga japonais.	アルノはフランスのBD（漫画）と日本のマンガを比較した.
On **compare** surtout la vie **à** un chemin.	人生はよく一本の道にたとえられる.

confort
[コンフォーる]
□□ 318
男 快適さ

construire
[コンストりュイーる]
□□ 319
動 構築する，建築する

en dehors de ...
[アン ドゥオーる ドゥ]
□□ 320
熟・慣 〜の外で

détail
[デタイユ]
□□ 321
男 詳細

diminuer
[ディミニュエ]
□□ 322
動 減らす；減る

diminué(e)
[ディミニュエ]
形 減少した

diriger
[ディりジェ]
□□ 323
動 指揮する；経営する

se diriger vers ...
[ス ディりジェ ヴェーる]
熟・慣 〜に向かっていく

dollar
[ドラーる]
□□ 324
男 ドル

Des coussins ont été mis pour augmenter le **confort**. (12秋)	快適さを増すためにクッションが置かれました.
La ville va **construire** une arène de 7000 places à proximité de la gare.	町は駅の近くに 7000 席のアリーナを建設する予定です.
Yvonne met une table et des chaises **en dehors de** sa propre propriété.	イヴォンヌは自身の敷地の外にテーブルと椅子を置く.
Ne t'attache pas trop aux **détails**. (01秋)	あまり細部にこだわり過ぎないように.
Le nombre d'accidents de la route **a diminué** cette année par rapport à l'année dernière.	今年の交通事故の件数は昨年に比べ減少した.
Par contre, on constate un intérêt **diminué** pour Paris et la région parisienne. (00秋)	それに対して, パリとパリ地方への関心は減少しているのが見られる.
Hilarie sera la première femme à **diriger** ce pays.	イラリはこの国を切り盛りすることになる最初の女性になろう.
Le musée va fermer ses portes dans dix minutes. Merci de **vous diriger vers** la sortie, s'il vous plaît.	美術館は 10 分後に閉館いたします. 出口に向かってくださいますようお願いいたします.
«Star Wars» a récolté 530 millions de **dollars** depuis sa sortie.	『スターウォーズ』は公開から 5 億 3000 万ドルの収益をあげた.

durée
[デュれ]
□□ 325

女 所要時間

économie
[エコノミ]
□□ 326

女 経済，経済学；節約

---

embêter
[アンベテ]
□□ 327

動 退屈させる；困らせる

---

enquête
[アンケット]
□□ 328

女 アンケート，調査

---

esprit
[エスプリ]
□□ 329

男 精神，こころ，気質

---

essai
[エッセ]
□□ 330

男 試み；エッセイ

---

examiner
[エグザミネ]
□□ 331

動 検討する，調べる

---

s'exprimer
[セクスプリメ]
□□ 332

代動 自分の考えを表明する；表現される

La **durée** de notre vol est d'environ 11 heures.	私たちのフライト時間は約11時間です.
Cette année, l'**économie** japonaise a connu une dépression sans précédent. (00 春)	今年, 日本経済は前例のない不況を経験した.
Cette émission m'**embête**.	この番組は退屈だ.
Mes collègues font une **enquête** sur le tourisme japonais.	私の同僚たちが日本の観光に関する調査を行っています.
Dans mon **esprit**, tout est extrêmement clair. Mais comment verbaliser !	私の頭のなかでは, 全てが極めて明解なのです. でもそれをどうやって言葉にすればよいのか!
Il est nécessaire aussi d'avoir beaucoup de patience, parce que la création d'un parfum demande de nombreux **essais**, et par conséquent beaucoup de temps. (04 秋)	忍耐力も大いに必要です, 香水を作るには多くの試行錯誤が要求され, その結果, 多くの時間がかかるからです.
Tous les projets **seront examinés** par le comité spécial.	全ての議案は特別委員会によって検討されるでしょう.
Suite au résultat des élections, le chef du parti **s'est exprimé** devant ses soutiens.	選挙の結果を受けて, 党の代表が支持者の前で意見表明をした.

facilement

[ファスィルマン]
☐☐ 333

副 簡単に，容易に

fixe

[フィクス]
☐☐ 334

形 固定の，一定の

forcer

[フォるセ]
☐☐ 335

動 強制する，押し入る

se forcer à ...

[ス フォるセ ア]

熟・慣 我慢して〜する

froid

[フるワ]
☐☐ 336

男 寒さ，冷気

garer

[ガれ]
☐☐ 337

動 駐車させる

se garer

[ス ガれ]

代動 駐車する

gaucher,
gauchère

[ゴシェ，ゴシェーる]
☐☐ 338

男 女 左利きの人

On peut modifier **facilement** notre réservation sur le site.	私たちの予約内容はサイト上で簡単に変更できます.
Alors, pour le moment je n'ai pas d'emploi **fixe** et je travaille à droite et à gauche.	それで, 今のところ定職がなくて, あちこちで働いています.
Le cambrioleur **a forcé** la porte de cette vieille dame.	強盗犯がこの老婦人の家に押し入った.
Les outils de tous les jours, comme les ciseaux, sont en général faits pour les droitiers. On doit souvent **se forcer à** les utiliser. (12 春)	ハサミのような日々使用する道具は一般に右利き用に作られています. そのためしばしば我慢して使用しなければならないのです.
Conserver au **froid** après ouverture.	(表示で) 開封後は冷暗所で保存すること.
J'ai complètement oublié où j'**avais garé** ma voiture.	私はどこに車を駐車したのか完全に忘れてしまった.
À Paris, on a du mal à **se garer**.	パリでは駐車するのに苦労する.
Pourquoi les droitiers sont-ils plus nombreux que les **gauchers** ?	なぜ右利きは左利きよりも人数が多いのだろうか?

geste ［ジェスト］ ☐☐ 339	男 行為，動作，しぐさ
imaginer ［イマジネ］ ☐☐ 340	動 想像する
importance ［アンポるタンス］ ☐☐ 341	女 大切さ，重要性
incendie ［アンサンディ］ ☐☐ 342	男 火災
initiative ［イニスィアティーヴ］ ☐☐ 343	女 先導，イニシアティブ
à l'initiative de ... ［ア　リニスィアティーヴ　ドゥ］ 熟・慣 ～の提案で	
s'inscrire ［サンスクリーる］ ☐☐ 344	熟・慣 申し込む，登録する
instituteur, **institutrice** ［アンスティテュトゥーる，アンスティテュトリス］ ☐☐ 345	男 女 小学校の教師

Ma fille aime bien imiter mes **gestes**.	私の娘は私のしぐさを真似するのが好きだ.
Je ne peux pas **imaginer** la vie sans vin.	ワインなしの生活なんて想像もできません.
On doit donner de l'**importance** aux moments passés avec la famille. (13秋)	家族といっしょに過ごす時間を大切にすべきです.
À cause de l'**incendie** d'un immeuble près de la gare, le trafic des trains est très perturbé en ce moment.	駅近くの建物火災のせいで, 列車の運行は現在非常に乱れています.
Il ne prenait pas beaucoup d'**initiatives**. (01春)	彼はあまり自ら率先して行動しようとしなかった.
La journée portes ouvertes du campus a eu lieu **à l'initiative des** étudiants.	学生らの発案でオープンキャンパスが催された.
Le nombre de places est limité. **Inscrivez-vous** vite !	席数に限りがあります. お早めにお申し込みください.
Un **instituteur** a été condamné pour des agressions sexuelles contre des écoliers.	ある小学校教師が児童たちへの性的虐待のために有罪判決を受けた.

jeunesse [ジュネス] ☐☐ 346	女 若者；若さ **littérature jeunesse**　熟・慣 女 青春文学
mairie [メり] ☐☐ 347	女 市（区）役所
marathon [マらトン] ☐☐ 348	男 マラソン
moderne [モデるヌ] ☐☐ 349	形 現代の；最新の
moyenne [モワイエンヌ] ☐☐ 350	女 平均
en moyenne [アン　モワイエンヌ]	熟・慣 平均して
noter [ノテ] ☐☐ 351	動 メモする；採点する
nourrir [ヌりーる] ☐☐ 352	動 食べ物を与える，生育する，養う
se nourrir [ス　ヌりーる]	代動 食べる；育つ

Ce roman est rapidement devenu un classique de la littérature **jeunesse**.	この小説はすぐに青春文学の古典となった.
La **mairie** du XIIIe arrondissement se trouve Place d'Italie.	13区の区役所は(メトロの)プラス・ディタリ(イタリア広場)駅にある.
J'ai appris dans la presse qu'on court le **marathon** à Paris. (07 春)	私はパリでマラソンがあることを新聞で知った.
Les jeunes ont besoin d'apprendre l'histoire **moderne**.	若者は現代史を学ぶ必要がある.
Patrice fait du vélo avec une **moyenne** de 20km/h.	パトリスは平均して時速20キロで自転車をこぐ.
En moyenne, deux millions de tonnes d'acier en provenance de Chine arrivent en Europe chaque mois.	平均して200万トンの鋼鉄が毎月中国からヨーロッパに来ている.
Comme pour les autres matières enseignées, le travail de l'élève **est noté** sur 20. (09 秋)	他の教科と同様に, 生徒の宿題は20点満点で採点されます.
Nous **nourrissons** les pingouins trois fois par jour.	私たちはペンギンに一日3回餌をやっています.
L'amour **se nourrit** de la confiance réciproque.	愛は相互の信頼を栄養にして育つ.

obéir à ...
[オベイーる　ア]
□□ 353

熟・慣 ～に従う，～に従順である

observer
[オプセるヴェ]
□□ 354

動 観察する，注視する

or
[オーる]
□□ 355

男 金，黄金

en partie
[アン　パるティ]
□□ 356

熟・慣 部分的に

faire partie de ...
[フェーる　パるティ　ドゥ]

熟・慣 ～に所属する

populaire
[ポピュレーる]
□□ 357

形 大衆の，庶民の；人気の

population
[ポピュラスィオン]
□□ 358

女 住民，人口

progresser
[プろグれセ]
□□ 359

動 進歩する，増大する

proposition
[プろポズィスィオン]
□□ 360

女 提案

Je ne pense pas que les gens **obéissent à** une telle règle stupide.	そんな馬鹿げたルールに人々が従うとは思えない.
Ça fait cinq ans que Germain **observe** les astres.	ジェルマンが天体を観察するようになって5年になる.
Mon frère a une collection de pièces d'**or** de l'époque Edo.	私の兄は江戸時代の金貨のコレクションを持っている.
Les guerres des Balkans ont préparé **en partie** le déclenchement de la Première Guerre Mondiale.	バルカン戦争が部分的に第一次世界大戦の開始を準備した.
L'Estonie **fait partie de** l'Union européenne.	エストニアはヨーロッパ連合に所属している.
Je suis chef dans un petit restaurant **populaire** au centre de Paris. (13 春)	私はパリ中心部の庶民的なレストランでシェフをしています.
Ce pays n'est pas du tout prêt au vieillissement de sa **population**.	その国は人口の老齢化に対して全く準備ができていない.
La fièvre Zika continue de **progresser** en Amérique du Sud.	ジカ熱は南アメリカで増大し続けている.
J'ai accepté sa **proposition** de devenir chargé des affaires extérieures.	渉外係になってもらいたいという彼（女）の提案を私は受け入れた.

propre

[プロプる]

□□ 361

形 自分自身の

protection

[プロテクスィオン]

□□ 362

女 保護，防護

province

[プロヴァンス]

□□ 363

女 州，地方，田舎

rassurer

[らスュれ]

□□ 364

動 安心させる

rassuré(e)

[らスュれ]

形 安心した

réalité

[れアリテ]

□□ 365

女 現実，実態

récemment

[れサマン]

□□ 366

副 最近，近頃

recherche

[るシェるシュ]

□□ 367

女 研究，探求

44% des consommateurs achètent sur Internet dans leur **propre** pays.

44％の消費者は自国におけるサイトで物を買っている.

L'Australie est un des quatre pays qui demandent la **protection** des requins blancs depuis mars 2011. (13春)

オーストラリアは 2011 年 3 月以来, ホオジロザメの保護を訴えている 4 カ国の一つです.

Après sa retraite, Jacques a déménagé dans une petite ville de **province**.

退職後, ジャックは田舎の小さな町に引っ越した.

Après l'accident survenu dans ce quartier, les autorités ont tout fait pour **rassurer** les touristes.

その界隈で起きた事故の後, 当局は旅行者たちを安心させるためにあらゆることを行った.

Je ne me sens pas très **rassuré** dans une telle situation.

このような状況下では私はあまり安心できない.

Ce n'est pas le rôle principal, et votre seule présence donnerait du poids et de la **réalité** au film. (02春)

主役ではないですが, あなたがいるだけで映画に重厚さと現実性が与えられるでしょう.

Quel type de voiture avez-vous acheté **récemment** ? (13秋)

あなたは最近どのようなタイプの車を買ったのですか?

Mon père fait des **recherches** sur le cerveau.

私の父は脳に関する研究をしています.

rencontre
[らンコントる]
□□ 368
女 出会い

à la rencontre de ...
[ア　ラ　らンコントる　ドゥ]　熟・慣 〜を出迎えに

répondre
[れポンドる]
□□ 369
動 答える，返事する

reste
[れスト]
□□ 370
男 残り

pour le reste
[プーる　ル　れスト]　熟・慣 残りに関しては

scientifique
[スィアンティフィック]
□□ 371
形 科学的な

sérieux,
sérieuse
[セリユ，セリユーズ]
□□ 372
形 深刻な，真剣な

signifier
[スィニフィエ]
□□ 373
動 意味する

Tu te souviens de notre première **rencontre** ?	君は私たちが初めて会った時のことを覚えているかい?
Marc est allé **à la rencontre de** sa mère. (12秋)	マルクは母親を出迎えに行った.
Personne n'**a répondu** à cette question.	誰もその質問に答えなかった.
Ce pays fait face avec générosité aux réfugiés, alors que le **reste** de l'Europe se raidit.	この国は難民に寛大に接しているが, ヨーロッパの残りの国は強硬な態度をとる.
Je laisse tomber **pour le reste**.	残りの部分についてはなかったことにします.
La recherche **scientifique** a connu ces dernières années des avancées spectaculaires.	科学研究はこの数年間で目をみはる進歩を遂げた.
La pollution atmosphérique est devenue plus **sérieuse** ces dernières années.	大気汚染はこの数年間でより深刻になった.
Dans certaines situations, «désolé» en japonais **signifie** plutôt «merci».	いくつかの状況では, 日本語の「すみません」が, むしろ「ありがとう」の意味になる.

situé(e) à ...

[スィテュエ ア]
□□ 374

熟・慣 ～に位置した

symbole

[サンボル]
□□ 375

男 象徴，シンボル

technique

[テクニック]
□□ 376

女 技術，技法

traduire

[トらデュイーる]
□□ 377

動 翻訳する，解釈する

transformer

[トランスフォるメ]
□□ 378

動 変える

transformer ～ en ...

[トランスフォるメ アン] 動 ～を…に変える

travaux

[トらヴォ]
□□ 379

男 (複数形で) 工事

à travers ...

[ア トらヴェーる]
□□ 380

熟・慣 ～を横切って，～を通して

tricot

[トりコ]
□□ 381

男 編み物；ニットの服

C'est un hôtel de qualité, **situé au** cœur de la ville.

それは街の中心にある高級ホテルです.

Marianne est devenue le **symbole** de l'indépendance du pays.

マリアンヌは国家独立の象徴となった.

En cuisine, la **technique** n'est pas essentielle. (10 春)

料理においては, 技術は本質的なことではありません.

Il y a de nombreuses expressions qui sont difficiles à **traduire** en français.

フランス語に翻訳するのが難しい表現がたくさんあります.

La robotisation et l'intelligence artificielle vont **transformer** le monde du travail.

ロボット化と人工知能が労働界を変えることでしょう.

Marc **a transformé** une ancienne usine **en** un bureau moderne. (09 春)

マルクは古い工場を新しいオフィスに変えた.

Dans le quartier des Halles, les **travaux** de rénovation sont toujours en cours.

レ・アル地区では, 改修工事がずっと続いている.

La Garonne coule **à travers** la ville de Toulouse.

ガロンヌ河はトゥールーズの街を通って流れている.

Jusqu'ici elle ne s'intéressait pas du tout au **tricot**. (04 秋)

今まで彼女は編み物に全く興味がなかった.

uniquement
[ユニクマン]
□□ 382

副 ただ，もっぱら

visiteur,
visiteuse
[ヴィズィトゥーる，ヴィズィトゥーズ]
□□ 383

男 女 訪問者，観光客，来客

volume
[ヴォリュム]
□□ 384

男 容量，かさ；巻

Il va nous offrir une présentation sur son projet, mais **uniquement** en anglais pour le moment.	彼は私たちに計画について説明をする予定だが，今のところは英語による説明だけである.
Oui, on estime qu'au moins 15% des **visiteurs** ont déjà pris l'avion pour voyager. (07 春)	はい，少なくとも観光客の15%は旅行するためにすでに飛行機に乗ったことがあると考えられます.
C'est un article d'un **volume** important.	それはとてもかさばる品物です.

① Pouvez-vous vous présenter brièvement ? Vous vous appelez comment ?

簡単に自己紹介をお願いできますか？ お名前は？

→ **Je m'appelle Hanako Surugadai.**

私は駿河台花子といいます.

② Vous êtes étudiante ?

学生ですか？

→ **Oui, je suis étudiante en troisième année à l'Université ....**

はい, ～大学の3年生です.

→ **Non, je ne suis pas étudiante. Je travaille dans une banque.**

いいえ, 学生ではありません. 銀行で働いています.

Qu'est-ce que vous étudiez à l'université ?

大学では何を勉強していますか？

→ **J'étudie la civilisation française.**

フランス文化を勉強しています.

③ Depuis combien de temps apprenez-vous le français ?

どれくらい前からフランス語を勉強しているんですか？

→ **Depuis trois ans.**

3年前からです.

④ Vous avez déjà passé le Futsuken ?

前に仏検を受検したことはありますか？

→ **Oui, j'ai passé le niveau 3 il y a un an.**

はい, 1年前に3級を受検しました.

→ **Non, c'est la première fois que je passe le Futsuken.**

いいえ, 仏検を受検するのは初めてです.

＊受検者は女性という設定です.

132

★★★★☆

PARTIE 4

123 mots

385-507

過去 10 年間で頻度 4 回以上の語

actualité ［アクテュアリテ］ □□ 385	囡 現状；（複数形で）ニュース
approcher ［アプろシェ］ □□ 386	動 近づける
s'approcher ［サプろシェ］	代動 近づく，接近する
architecte ［アるシテクト］ □□ 387	男 囡 建築家
attaque ［アタック］ □□ 388	囡 攻撃；発作
à l'avance ［ア　ラヴァンス］ □□ 389	熟・慣 事前に，前もって
en avance ［アナヴァンス］	熟・慣 早く，進んで
biologique ［ビオロジック］ □□ 390	形 有機の
bref ［ブれフ］ □□ 391	副 要するに

Il est au courant de l'**actualité** politique.	彼は政治の現状に通じている.
N'**approchez** pas trop votre appareil-photo de la peinture.	カメラを絵に近づけ過ぎないでください.
Corinne ne peut pas expliquer comment son fils **s'est approché** de la piscine. (06 春)	コリンヌは息子がどうやってプールに近づいたのか説明できない.
Ce bâtiment est l'œuvre d'un **architecte** très connu.	この建物はとても有名な建築家の作品です.
Des jihadistes ont lancé hier une **attaque** contre la force de l'ONU.	イスラム聖戦兵士が, 昨日, 国連軍に対して攻撃を開始した.
La réservation peut se faire trois semaines **à l'avance,** mais aussi jusqu'à une heure avant le départ. (02 秋)	予約は3週間前から, 出発の1時間前まで可能です.
Ma montre est **en avance** de cinq minutes.	私の腕時計は5分進んでいる.
Le Languedoc est le champion des vins **biologiques**.	ラングドック地方は有機ワインのチャンピオンです.
Bref, c'est un homme formidable. Il est aimé de tout le monde.	要するに, とても素晴らしい男なんです. 彼は皆に愛されています.

en bref ［アン　ブれフ］	熟・慣 手短に，要するに

capacité ［カパスィテ］ □□ 392	囡 能力；容積

cathédrale ［カテドらル］ □□ 393	囡 大聖堂

chèque ［シェック］ □□ 394	男 小切手

chiffre ［シッフる］ □□ 395	男 数字

chiffre d'affaires ［シッフる　ダフェーる］	熟・慣 男 取引高，売上

circulation ［スィるキュラスィオン］ □□ 396	囡 通行，流通

collecter ［コレクテ］ □□ 397	動 収集する，募る

Pour commencer, ils ont décrit **en bref** l'activité de la fondation.	手始めに，彼らは財団の活動について手短に説明した．
C'est au-delà de mes **capacités**.	それは私の能力を超えています．
La **cathédrale** est tellement grande qu'on la voit de n'importe où dans le centre-ville.	大聖堂はとても大きいので，中心街のどこからでも見える．
Nous n'acceptons plus les **chèques**.	当店では小切手をもう受け付けておりません．
C'est le «digicode». Vous entrez dans l'immeuble en utilisant des **chiffres** et des lettres.	それは暗証コードです．数字と文字を使用することで，建物に入れます．
Avant, nous faisions 60% de notre **chiffre d'affaires** en novembre et décembre.	以前は，11月と12月で売り上げの60%を稼いでいました．
La municipalité a décidé d'interdire toute **circulation** automobile en journée.	市はあらゆる自動車の日中の通行を禁止することを決定した．
Méfiez-vous des gens qui **collectent** des signatures devant les gares : plusieurs d'entre eux sont des pickpockets.	駅前で署名を募る人々に注意してください．彼らの多くはスリです．

en commun

[アン　コマン]

□□ 398

熟・慣 共同で

communication

[コミュニカスィオン]

□□ 399

女 通信，コミュニケーション

compter

[コンテ]

□□ 400

動 数える

compter pour ...

[コンテ　プーる]

熟・慣 ～にとって重要である

compter sur ...

[コンテ　スューる]

熟・慣 ～をあてにする

consulat

[コンスュラ]

□□ 401

男 領事館

contact

[コンタクト]

□□ 402

男 接触，連絡

contrairement à ...

[コントれーるマン　ア]

□□ 403

熟・慣 ～とは反対に

| On utilise la cuisine **en commun**. | 私たちは台所を共同で使っています. |

| La **communication** vidéo a été interrompue à cause de la connexion wifi très faible.
(Wi-Fi → p.233) | Wi-Fi 接続がとても弱いせいで，ビデオ通話が中断された. |

| Selon l'enquête de l'INSEE, la France **compte** presque 4 millions de personnes mal logées. | 国立統計経済研究所（INSEE）の調査によれば，フランスでは住宅事情の悪い人が約400万人を数える. |

| Cela **compte** beaucoup **pour** moi.
(11 秋) | それは私にとってとても重要です. |

| Ils **comptent sur** l'aide du gouvernement. | 彼らは政府からの援助をあてにしている. |

| Janine est allée au **consulat** pour faire une demande de visa. | ジャニヌはビザの申請をするために領事館に行った. |

| Plusieurs pays s'acheminent vers des sociétés sans cash, à la faveur du paiement sans **contact**. | いくつもの国が非接触型決済を利用することで，現金なしの社会に向かっている. |

| **Contrairement au** loup, il est très difficile à étudier.
(00 秋) | 狼と違って，それ（＝オオヤマネコ）は研究がとても難しい. |

corriger

[コリジェ]
□□ 404

動 訂正する，修正する

courant(e)

[クらン(ト)]
□□ 405

形 ありきたりの，普通の

eau courante

[オ クらント]　熟・慣 女 水道

être au courant (de ...)

[エートる オ クらン (ドゥ)]

熟・慣 (〜を)知っている，(〜に)通じている

court(e)

[クーる，クるト]
□□ 406

形 短い

couscous

[クスクス]
□□ 407

男 クスクス（北アフリカの料理）

couvert(e) de ...

[クヴェーる（クヴェると）ドゥ]　熟・慣 〜に覆われた
□□ 408

création

[クれアスィオン]
□□ 409

女 創造，創出

Ce parti politique essayait de **corriger** sa mauvaise image dans l'opinion publique.	その政党は世論における悪いイメージを修正しようと努めていた.
C'est une expression très **courante**.	それはとてもありきたりの表現だ.
Les premières années, le travail a été très dur : on n'avait pas de voiture ni d'**eau courante**. (13 春)	最初の数年間は, 仕事が非常に過酷であった. 車も水道もなかったので.
Pour les questions sur cette histoire, demandez à Pierre : il **est** bien **au courant**.	その話についての質問はピエールに聞いてください. 彼はよく知っていますから.
Des prénoms très à la mode ont généralement une durée de vie très **courte**. (01 春)	よく流行る名前は一般に寿命がとても短い.
Abder fait la livraison de **couscous** depuis toujours. (04 春)	アブデルはずっと前からクスクスの配達をやっています.
Les montagnes sont **couvertes de** neige à cette période.	この時期, 山々は雪に覆われている.
Le vieillissement de la population peut être source de croissance et de **création** d'emplois.	人口の老齢化は雇用の創出と増大の源泉になり得る.

crise
[クリーズ]
□□ 410

囡 危機

danse
[ダンス]
□□ 411

囡 ダンス

déclarer
[デクラれ]
□□ 412

勔 宣言する；申告する

demande
[ドゥマンド]
□□ 413

囡 要求，申請

dépasser
[デパセ]
□□ 414

勔 超過する

désormais
[デゾるメ]
□□ 415

副 今後は

dessus
[ドゥスュ]
□□ 416

副 上に，上を

discussion
[ディスキュスィオン]
□□ 417

囡 討論，議論

Face à la **crise** des réfugiés, on n'a pas encore trouvé de solution efficace.	難民危機を前にして，私たちは有効な解決策をまだ見つけられていない.
Léa a participé à l'atelier de **danse** africaine.	レアはアフリカンダンスの研究会に参加した.
À la fin de la soirée, elle **a déclaré** devant nous qu'elle continuerait à travailler jusqu'à 100 ans. (10 春)	パーティーの最後に，彼女は自分が100歳まで働き続けると私たちの前で宣言しました.
Votre **demande** est en cours d'examen. Merci de patienter.	あなたの申請は審査中です．お待ちください.
Son espace de vie ne **dépasse** pas 300 mètres. (11 春)	彼女の生活空間は300メートルを越えない.
Désormais, il suffira de composer un numéro de téléphone entre 6 heures 30 et 20 heures du lundi au vendredi pour réserver votre taxi. (02 秋)	今後は，月曜から金曜の6時半から20時の間に電話をかけるだけで，タクシーを予約することができるでしょう.
J'ai téléchargé un logiciel mais il ne fonctionne pas quand je clique **dessus**.	ソフトをダウンロードしたが，（アイコンの）上をクリックしても動かない.
On avait une **discussion** chaude dans un coin du café.	私たちはカフェの片隅で白熱した議論をしていた.

douter

[ドゥテ]
☐☐ 418

動 （〜を）疑わしく思う

---

se douter de ...

[ス ドゥテ ドゥ] 熟・慣 〜ではないかと思う

---

un(e) drôle de ...

[アン（ユヌ）ドロール ドゥ] 熟・慣 変な〜
☐☐ 419

écrit(e)

[エクリ(ット)]
☐☐ 420

形 書かれた

examen écrit 熟・慣 男 筆記試験

---

embouteillage

[アンブテイャージュ]
☐☐ 421

男 渋滞

---

s'endormir

[サンドるミール]
☐☐ 422

代動 眠りにつく，寝入る

---

engagement

[アンガジュマン]
☐☐ 423

男 約束，契約

---

s'ennuyer

[サンニュイェ]
☐☐ 424

代動 退屈する

L'Agence internationale antidopage **doute** que les athlètes de ce pays participent aux Jeux Olympiques.	国際反ドーピング機構はその国のアスリートがオリンピックに参加することを疑わしく思っている.
Je **me doutais** bien **de** leur succès au concours.	私は彼（女）らがコンクールで成功するのではないかと予想していました.
Il y a **une drôle d'**odeur ici. (08春)	ここは変な臭いがする.
L'examen **écrit** se passera lundi prochain.	筆記試験は来週月曜日に行われるでしょう.
À quelle heure doit-on partir pour éviter un **embouteillage** ?	渋滞を避けるには何時に出発しなければならないだろうか?
Il avait pris un express pour ne pas **s'endormir** pendant la réunion, mais ça n'a pas bien marché.	彼は会議中眠ってしまわないようにエスプレッソを飲んでいたが，あまり効き目がなかった.
Le PDG respectera son **engagement** d'augmentation du salaire net pour l'année prochaine.	社長は来年度の手取り給与の増額の約束を守るであろう.
Mes enfants **s'ennuyaient** dans l'avion.	私の子どもたちは機内で退屈していた.

ennuyé(e)
[アンニュイェ]
形 困っている

énormément
[エノるメマン]
□□ 425
副 並はずれて，ものすごく

énormément de... 熟・慣 非常に多くの〜

état
[エタ]
□□ 426
男 状態

État 男 国家，政府

euh
[ウー]
□□ 427
間投 ええと

événement
[エヴェヌマン]
□□ 428
男 出来事，事件

évoluer
[エヴォリュエ]
□□ 429
動 進化する，進展する

excellent(e)
[エクセラン(ト)]
□□ 430
形 素晴らしい，見事な

exceptionnel, exceptionnelle
[エクセプスィオネル]
□□ 431
形 例外的な，異例の

Nous sommes très **ennuyés** par cette proposition.	その提案に私たちは大変困っています.
Pour conserver les monuments historiques, il faut **énormément** d'argent.	歴史的建造物を保存するためには, 非常に多くのお金が必要だ.
Six ans après les travaux de rénovation, l'appartement reste en bon **état**.	リフォーム工事から6年後, そのアパルトマンは良い状態を保っている.
Euh, je ne comprends pas le mot «poutres»... (04 春)	ええと, 「poutres 梁」という単語が理解できません.
La semaine dernière, j'ai assisté à un **événement** un peu étrange à la sortie de l'école.	先週, 私は学校を出たところでちょっと奇妙な出来事に遭遇した.
Les réseaux sociaux **ont** beaucoup **évolué** depuis cinq ans.	ソーシャルネットワークは5年前から大きく進化した.
Bravo pour ton travail ! C'était un exposé **excellent** !	素晴らしい仕事だ！ 見事なプレゼンだった！
À New-York, le retour à la normale prendra du temps après la chute **exceptionnelle** de neige.	ニューヨークでは, 例外的な降雪の後で, 通常の状態に戻るのに時間がかかるだろう.

exercer
[エグゼるセ]
□□ 432
動 訓練する，行使する

fabriquer
[ファブリケ]
□□ 433
動 製造する

faux, fausse
[フォ，フォッス]
□□ 434
形 誤った，偽の

    faire fausse route 熟・慣 道を間違える

festival
[フェスティヴァル]
□□ 435
男 (芸術の) 祭典，フェスティバル

fêter
[フェテ]
□□ 436
動 祝う

fonctionner
[フォンクスィオネ]
□□ 437
動 機能する

fondation
[フォンダスィオン]
□□ 438
女 財団，基金；創設

franchement
[フランシュマン]
□□ 439
副 率直に，きっぱりと

Dans les marchés parisiens, seuls les abonnés sont autorisés à **exercer** leur activité commerciale. (05 春)	パリの市場では，加盟者だけが商業活動を行うことを許可されている．
Et ils **fabriquent** aussi des chaises et tables en bois sous la direction de Jean. (00 春)	そして彼らはジャンの指導の下で，木製の椅子とテーブルも作っています．
Il semble que nous avons fait **fausse** route.	どうやら私たちは道を間違えたようだ．
Au cours de ce **festival**, on donne environ 200 concerts; les billets ne sont pas très chers. (01 秋)	そのフェスティバルの期間中，約200のコンサートが開催されます．チケットはそれほど高くありません．
Nous nous somme tous réunis pour **fêter** l'anniversaire de notre grand-père.	私たちは皆，祖父の誕生日を祝うために集まった．
Le nouveau système de réservation ne **fonctionne** pas très bien.	新しい予約システムはあまりうまく機能していない．
Fatima bénéficie d'une bourse d'étude d'une **fondation** privée.	ファティマはある私立財団の奨学金を受けている．
Dis-moi **franchement** ce que tu penses.	君が考えていることを率直に言ってくれ．

guérir
[ゲりーる]
□□ 440
動 治す

hausse
[オッス]
□□ 441
女 上昇，高騰

en hausse
[アン　オッス]
熟・慣 上昇した

humanitaire
[ユマニテーる]
□□ 442
形 人道主義的な

identité
[イダンティテ]
□□ 443
女 アイデンティティー，同一性

carte d'identité
[カると　ディダンティテ]
熟・慣 女 身分証明証

ignorer
[イニョれ]
□□ 444
動 知らない，無視する

immobilier, immobilière
[イモビリエ(ーる)]
□□ 445
形 不動産の

Dung ne parvient pas à **guérir** son genou droit. La plaie s'est infectée.	ドンは右膝が完全に治らない. 傷口が化膿してしまった.
La **hausse** de la TVA prévue pour l'année prochaine, c'est mon grand souci.	来年に予定されている付加価値税の上昇は, 私の大きな気がかりの種だ.
Le prix de l'immobilier est **en hausse** dans les grandes villes.	大都市で不動産価格が上昇している.
Mon grand frère partira prochainement en mission **humanitaire** en Afrique.	私の兄は人道支援隊として, 近くアフリカに出発する予定です.
Nous voulons défendre notre **identité** et les produits 'Made in Italy'. (10秋)	私たちは自分たちのアイデンティティーと「イタリア製」の製品を守りたいのです.
Veuillez nous envoyer une photocopie de votre **carte d'identité** par la poste.	あなたの身分証明書のコピーを私どもに郵送してください.
Née et élevée dans l'aquarium, cette baleine **ignore** la rigueur de la nature.	水族館で生まれ育ったこのクジラは, 自然の厳しさを知らない.
Cédric s'est renseigné sur la succession **immobilière** auprès d'un avocat.	セドリックは不動産相続について, 弁護士に問い合わせた.

inconvénient

［アンコンヴェニアン］
□□ 446

男 不都合，支障

indifférent(e) à ...

［アンディフェらン(ト) ア］
□□ 447

熟・慣 関心がない，～にとってどちらでもよい

information

［アンフォるマスィオン］
□□ 448

女 情報；ニュース

intérieur

［アンテリユーる］
□□ 449

男 内部

ligne

［リーニュ］
□□ 450

女 路線；行

liste

［リスト］
□□ 451

女 リスト，名簿

logement

［ロジュマン］
□□ 452

男 住居

longévité

［ロンジェヴィテ］
□□ 453

女 寿命，長寿

Le service est momentanément indisponible. Veuillez nous excuser pour cet **inconvénient**.	サービスが一時的に利用できなくなっております。この不都合につきましてお詫び申し上げます。
Contrairement à ma mère, mon père est **indifférent à** la culture traditionnelle.	母と違って、私の父は伝統文化に無関心だ。
Selon une **information** révélée par Yahoo News, ce joueur a été renvoyé hier.	Yahoo News の明らかにしたニュースによると、あの選手が昨日解雇された。
Est-il vrai que des plantes vertes dépolluent l'**intérieur** de la maison ?	緑の植物が屋内の空気をきれいにするというのは本当ですか？
La circulation des RER est perturbée avec un train sur deux sur la **ligne** B en raison de la grève.	ストによって、RER（首都圏高速交通網）の運行は乱れ、B 線では 2 本に 1 本の割合である。
La **liste** des gagnants sera affichée demain.	当選者のリストは明日張り出されるでしょう。
Il est difficile de trouver un **logement** bon marché dans le centre de Paris.	パリの中心で安い住居を見つけるのは難しい。
La Sardaigne est réputée pour la **longévité** de ses habitants. (13春)	サルディニアは住民の長寿で有名です。

se méfier de ...

［ス　メフィエ　ドゥ］
☐☐ 454
〔熟・慣〕 ～を信用しない，～に用心する

mondial(e)

［モンディアル］
☐☐ 455
〔形〕 世界の

*男性複数形は **mondiaux**［モンディオ］

Seconde Guerre Mondiale 〔熟・慣〕〔女〕 第二次
世界大戦

organisateur,
organisatrice

［オるガニザトゥーる，オるガニザトリス］
☐☐ 456
〔男〕〔女〕 主催者

tomber en panne

［トンベ　アン　パンヌ］
☐☐ 457
〔熟・慣〕 故障する

parking

［パるキング］
☐☐ 458
〔男〕 駐車場

parole

［パろル］
☐☐ 459
〔女〕 言葉，発言，約束

passage

［パサージュ］
☐☐ 460
〔男〕 通路；一節

de passage

［ドゥ　パサージュ］
〔熟・慣〕 つかの間の，一時的な

Tu dois bien **te méfier des** appels anonymes.	匿名の電話には十分に気を つけなきゃだめだよ.
Benjamin organise une exposition spéciale sur les ravages de la Seconde Guerre **Mondiale**.	バンジャマンは第二次世界 大戦の戦禍に関する特別 展を企画している.
L'**organisateur** de la conférence nous a annoncé l'ordre du jour provisoire.	会議の主催者は仮の議事 日程を私たちに知らせてき た.
Son ordinateur **est tombé en panne** et elle a été obligée d'en acheter un autre.	コンピュータが故障してし まい, 彼女は別のを買わな いといけなくなった.
La ville a décidé de créer un **parking** à vélo souterrain près de la gare.	町は駅の近くに地下駐輪場 を作ることを決めた.
Je passe la **parole** à Monsieur Duchet.	次にデュシェさんに発言を お願いいたします.
Ils se sont précipités contre la porte pour barrer le **passage**.	彼らは通路を塞ぐためにド アのほうに殺到した.
Je trouve cet hôtel pratique, notamment pour un séjour **de passage**.	このホテルは便利だと思う, 特に一時滞在の場合には.

pelouse
［プルーズ］
□□ 461
女 芝生

période
［ぺりオド］
□□ 462
女 期間，時期，時代

pilote automobile
［ピロット オトモビル］
□□ 463
熟・慣 男 女 カーレーサー

poire
［ポワール］
□□ 464
女 梨

se porter
［ス ポるテ］
□□ 465
代動 体調が〜である；着用される

précédent(e)
［プれセダン(ト)］
□□ 466
形 前の，先の

préciser
［プれスィゼ］
□□ 467
動 明確にする，詳しく説明する

se préciser
［ス プれスィゼ］
代動 明確になる

Sous le toit de **pelouse**, il fait moins chaud l'été, et moins froid l'hiver. (09 春)	芝の屋根の下では，夏はあまり暑くなく，冬はそれほど寒くない．
Quelle a été la **période** la plus difficile dans votre vie ?	あなたの人生で一番難しかった時期はいつでしたか？
En 2004, à 24 ans, j'ai finalement réalisé mon rêve de devenir **pilote automobile**. (08 秋)	2004 年，24 歳で，私はついにカーレーサーになる夢を実現した．
Il y a de nombreuses variétés de **poires** : williams, comice, conférence, etc.	ウィリアムス，コミス，コンフェランス等，梨には数多くの種類があります．
Et vos grands-parents, ils **se portent** bien ?	それであなたのおじいさんおばあさんはお元気ですか？
C'est marqué sur la page **précédente**.	それは前のページに記されています．
Il faudra alors **préciser** la date de notre prochain rendez-vous.	それでは私たちの次回に会う日を決めなければならないでしょう．
En analysant les données, notre problème **se précise**.	データを分析することで，私たちの問題がはっきりする．

préjugé
[プれジュジェ]
□□ 468
男 偏見，先入観

présence
[プれザンス]
□□ 469
女 いること，出席

prévenir
[プれヴニーる]
□□ 470
動 予告する，通知する

production
[プろデュクスィオン]
□□ 471
女 生産

psychologique
[プスィコロジック]
□□ 472
形 心理的な

puce
[ピュス]
□□ 473
女 IC チップ

une quinzaine de ...
[ユヌ　カンゼンヌ　ドゥ]
□□ 474
熟・慣 およそ 15 の〜

ramener
[らムネ]
□□ 475
動 持ち帰る，持ってくる

Ici, les gens ont toujours des **préjugés** sur les étrangers.	ここの人々には，いつもよそ者に対する偏見がある．
Nous nous sommes étonnés de sa **présence** à la messe.	彼（女）がミサに出席したことは私たちにとって驚きだった．
Mon fils nous **a prévenus** de son retour par mail.	息子は帰宅することをメールで私たちに知らせてきた．
La France a exporté 30% de la **production** de vins et de champagne en 1998. (01 春)	1998年フランスは生産したワインとシャンパンの30%を輸出した．
Le temps a une influence importante sur notre état **psychologique**.	天気は私たちの心理状態に重大な影響を及ぼす．
Vous savez que la **puce** contient des métaux précieux ?	ICチップがレアメタルを含んでいることをあなたは知っていますか？
Une quinzaine de personnes ont été gravement blessées dans cet attentat-suicide.	約15名ほどが，この自爆テロで重傷を負った．
Il faut laisser le travail au bureau et éviter de **ramener** un dossier à la maison. (13 秋)	オフィスに仕事を残しておき，家には書類を持ち帰らないようにしなければならない．

réduire

[れデュイーる]
□□ 476

動 減らす

réduit(e)

[れデュイ(ット)]

形 減った，値引きされた

refuser

[るフュゼ]
□□ 477

動 拒否する，拒む

renvoyer

[らンヴォワイェ]
□□ 478

動 送り返す；解雇する

reportage

[るぽるタージュ]
□□ 479

男 現地報告，ルポルタージュ

réservation

[れぜるヴァスィオン]
□□ 480

女 予約

ressembler à ...

[るサンブレ　ア]
□□ 481

熟・慣 〜に似る

en revanche

[アン　るヴァンシュ]
□□ 482

熟・慣 その代わりに

Ce n'est pas une bonne idée de **réduire** l'effectif.	定員を減らすというのは良い考えではない.
Avec la carte d'abonnement, vous pouvez utiliser le service à tarif **réduit**.	会員カードがあれば, サービスを割引料金で利用することができます.
La Turquie **refuse** de porter seule le fardeau des réfugiés.	トルコは難民の重荷を一国だけで引き受けることを拒む.
Dès que tu auras terminé la correction, tu peux me **renvoyer** le document par mail ?	修正が終わったらすぐに, その書類をメールで私に返送してくれる?
Durant un mois, une de nos équipes a fait un **reportage** au Japon.	1ヶ月の間, 私たちのチームの一つが日本でルポルタージュを行いました.
Il faut bien lire les conditions de **réservation** et d'annulation.	予約とキャンセルの条件をよく読む必要があります.
Le paysage de cette région **ressemble à** celui de mon pays natal.	この地方の風景は私の生まれ故郷の風景と似ている.
Les marques ne m'intéressent pas, les modes non plus. **En revanche**, je suis très attentif à mes vêtements de sport, mes blousons, mes jeans. (02秋)	私はブランドや流行には興味がありません. その代わり, スポーツウェア, ブルゾン, ジーンズにはとても注意を払っています.

risque

[りスク]
□□ 483

男 危険，リスク

eau du robinet

[オ デュ ろビネ]
□□ 484

熟・慣 女 水道水

rythme

[りトム]
□□ 485

男 リズム

scolaire

[スコレーる]
□□ 486

形 学校の

séance

[セアンス]
□□ 487

女 会議，セッション

aller au secours de ...

[アレ オ スクーる ドゥ]
□□ 488

熟・慣 〜を助けに行く

appeler / crier au secours

[アプレ／クリエ オ スクーる]　熟・慣 助けを呼び求める

sentiment

[サンティマン]
□□ 489

男 感情，気持ち

serviette

[セるヴィエット]
□□ 490

女 タオル；書類かばん

Si tu fais un sport à **risque** comme le parachutisme, tu devras prendre une assurance spéciale.	もしスカイダイビングみたいな危険を伴うスポーツをするのだと，特別な保険に入らないとダメだよ．
Il vaut mieux filtrer de l'**eau du robinet** avant de la boire.	飲む前に水道水をろ過したほうがよい．
Tu t'es bien habitué au **rythme** de la vie à Paris ?	パリでの生活リズムには十分に慣れた？
Au Japon, l'année **scolaire** commence en avril.	日本では4月に学校年度が始まる．
J'ai peur que la même question me soit encore posée à la prochaine **séance**. (09 秋)	私は同じ質問が次回の会議でも繰り返されるのではないかと心配している．
Ce train-clinique **va au secours des** pauvres qui habitent à la campagne. (07 秋)	この列車診療所は田舎に住んでいる貧しい人たちを助けに行きます．
Les habitants isolés par l'inondation **appellent au secours**.	洪水によって孤立した住民らが助けを求めている．
Après cet événement, il souffre d'un **sentiment** de culpabilité.	あの出来事の後，彼は罪悪感に苛まれている．
Les Japonais portent souvent une **serviette** de poche.	日本人はよくポケットサイズのタオルを持ち歩いている．

sinon

接 さもなければ

[スィノン]
□□ 491

---

soi

代 自分自身

[ソワ]
□□ 492

---

solution

女 解決策, 解答

[ソリュスィオン]
□□ 493

---

sortir

動 外に出す

[ソるティーる]
□□ 494

---

soutenir

動 支援する, 弁護する

[ストゥニーる]
□□ 495

---

suisse

形 スイスの

[スュイス]
□□ 496

---

supérieur(e)

形 上の, 優れた

[スュぺりユーる]
□□ 497

École normale supérieure

[エコル　のるマル　スュぺりユーる]

熟・慣 女 高等師範学校

Viviane, viens vite, **sinon** tu vas te perdre dans la foule. (06秋)	ヴィヴィアンヌ，早く来て，でないと人ごみの中に紛れてしまうよ．
Il faut toujours avoir confiance en **soi**.	常に自分に自信をもたなければならない．
Il est urgent de trouver une **solution** politique à cette crise financière.	この財政危機に政治的解決策を見出すことが緊急の課題である．
Gaétan **a sorti** un drôle d'objet de sa poche.	ガエタンは奇妙な物をポケットから取り出した．
Chaque année, la ville de Paris **soutient** des projets de voyage original, proposés par des jeunes de 16 à 28 ans, qui habitent, travaillent ou étudient à Paris. (09春)	毎年，パリ市はパリに住み，働き，勉強している16歳から28歳の若者の提案した独自の旅行計画を支援している．
On va voyager dans les Alpes **suisses** cet été.	私たちはこの夏スイスアルプスを旅行します．
D'où vient vraiment cette idée ridicule que la race blanche est **supérieure** ?	白人種が優れているという，あの馬鹿げた考えは本当にどこから来ているのだろうか？
J'ai enseigné l'anglais en France pendant dix ans, du lycée jusqu'à l'**École normale supérieure**. (03春)	私は高校から高等師範学校まで，10年間フランスで英語を教えました．

car de tourisme

［カーる　ドゥ　トゥリスム］
□□ 498
熟・慣 男 観光バス

tradition

［トらディスィオン］
□□ 499
女 伝統，伝承

trottoir

［トろトワーる］
□□ 500
男 歩道

en vain

［アン　ヴァン］
□□ 501
熟・慣 無駄に

vendu(e)

［ヴァンデュ］
□□ 502
形 売られた

victime

［ヴィクティム］
□□ 503
女 犠牲，犠牲者

vide

［ヴィッド］
□□ 504
形 空の

vitesse

［ヴィテス］
□□ 505
女 速度

Dorothée, vous êtes une femme et vous conduisez un **car de tourisme**. (10秋)	ドロテ，あなたは女性で，観光バスを運転するのですね.
Ils ont surtout découvert que le monde de la **tradition** orale a quelque chose de très profond. (06春)	彼らはとくに口頭伝承の世界がとても奥深いものであることを発見しました.
Il est interdit de rouler sur le **trottoir** en vélo, sauf dans certaines conditions.	歩道上を自転車で走行することは，いくつかの条件を除き禁止されている.
La police a cherché désespérément un enfant disparu, mais **en vain**.	警察は姿を消した子どもを絶望しつつ探したが，無駄であった.
Vous n'avez pas besoin de peser ici les fruits et les légumes **vendus** à la pièce.	個単位で売られている果物や野菜はここで計量する必要はありません.
Toutes les familles des **victimes** ne sont pas présentes à la cérémonie.	犠牲者家族が皆その式典に出席しているわけではない.
La salle de conférence était à moitié **vide**, mais j'ai aperçu tout au fond mes parents venus seuls.	講演会場は半分空であったが，一番奥のところに両親が二人だけで来ているのが分かった.
Le train a réduit sa **vitesse** avant de traverser le pont.	列車は橋を渡る前にスピードを落とした.

vue

[ヴュ]
□□ 506

囡 視覚，視力

point de vue

[ポワン　ドゥ　ヴュ]　熟・慣 圐 視点

à perte de vue

[ア　ぺルト　ドゥ　ヴュ]

熟・慣 見渡す限り

zoo

[ゾ]
□□ 507

圐 動物園

Un jour, Benoît a opéré Maria qui avait complètement perdu la **vue**. (07 秋)	ある日，ブノワは完全に視力を失っていたマリアを手術したのだった．
D'un **point de vue** humanitaire, on ne doit pas arrêter cette action à mi-chemin.	人道的見地から言えば，私たちはこの行動を途中でやめるべきではない．
Entre ces villages, de grands champs plats s'étalaient **à perte de vue**.	これらの村の間には，平坦で大きな畑が見渡す限り広がっていた．
Il n'a jamais vu de chevreuil ni de renard à part ceux du **zoo**.	彼は動物園にいるのを除けば，ノロジカもキツネも見たことがなかった．

⑤ En général, comment allez-vous à votre université ?
ふつう，どのように大学まで行きますか？

→ **Je prends d'abord le métro jusqu'à la station XX, et ensuite le bus.**

まず XX 駅まで地下鉄に乗って，それからバスです．

⑥ Il vous faut combien de temps pour aller à votre université ?
大学に行くのにどれくらい時間がかかりますか？

→ **Environ une heure et demie.**

だいたい 1 時間半かかります．

⑦ Qu'est-ce que vous faites pendant le week-end ?
週末は何をしますか？

→ **J'aime lire des livres et écouter de la musique.**

本を読んだり，音楽を聴いたりするのが好きです．

⑧ Qu'est-ce que vous allez faire le week-end prochain ?
次の週末は何をしますか？

→ **S'il fait beau, je vais jouer au tennis avec mes amies.**

もし晴れれば，友だちとテニスをする予定です．

⑨ Vous êtes déjà allée en France ?
フランスに行ったことはありますか？

→ **Non, je n'ai jamais été en France.**

いいえ，フランスには一度も行ったことがありません．

Si vous alliez en France, qu'est-ce que vous aimeriez faire ?
フランスに行けたら何がしたいですか？

→ **Je voudrais visiter le mont Saint-Michel.**

モン・サン・ミッシェルを訪れたいです．

＊受検者は女性という設定です．

170

PARTIE 5

158 mots

508-665

過去 10 年間で頻度 3 回以上の語

abonné(e)

[アボネ]
□□ 508

男 女 契約者，定期会員

adulte

[アデュルト]
□□ 509

男 女 成人，大人

amazonien,

amazonienne

[アマゾニアン，アマゾニエンヌ]
□□ 510

形 アマゾンの

amener

[アムネ]
□□ 511

動 連れてくる，連れて行く

anglais(e)

[アングレ(−ズ)]
□□ 512

形 イギリスの，イングランドの

appellation

[アペラスィオン]
□□ 513

女 呼称，名称

artisan(e)

[アるティザン(ヌ)]
□□ 514

男 女 職人

attraper

[アトらぺ]
□□ 515

動 (病気に) かかる

Seuls les **abonnés** peuvent lire le texte intégral.

会員の方々だけが全文を読むことができます.

Ce film d'animation est destiné aussi bien aux **adultes** qu'aux enfants.

このアニメ映画は子ども向けであるのと同じくらい大人向けでもある.

Pendant longtemps Louis Debauve a lutté contre la destruction de la forêt **amazonienne**. (02 春)

長い間, ルイ・ドゥボーヴはアマゾンの森林破壊と闘ってきた.

N'hésitez pas à **amener** vos amis à la fête.

パーティーにはお友だちを遠慮なく連れてきてください.

Le parc Montsouris est un bon exemple de jardin **anglais**.

(パリの)モンスリ公園は英国庭園のよい例です.

AOC signifie **Appellation** d'Origine Contrôlée.

AOC とは原産地統制呼称を意味する.

Si l'on veut être un bon **artisan**, il faut au moins 10 ans de formation.

よい職人になるには, 少なくとも 10 年の修業が必要です.

De plus en plus de trentenaires **attrapent** des cancers du rein, de l'utérus et du sein. Les médecins ne savent pas pourquoi.

ますます 30 代が腎臓, 子宮, 乳房の癌になっている. 医師たちは理由が分からないでいる.

auteur
[オトゥーる]
☐☐ 516
男 著者，作家

autrement
[オトるマン]
☐☐ 517
副 違った風に

autrement dit
[オトるマン　ディ]
熟・慣 言い換えると

badge
[バッジ]
☐☐ 518
男 バッジ

beauté
[ボテ]
☐☐ 519
女 美しさ

boulangerie
[ブランジュリ]
☐☐ 520
女 パン屋

business
[ビズネス]
☐☐ 521
男 ビジネス

calmer
[カルメ]
☐☐ 522
動 鎮める，和らげる

Vous êtes aussi l'**auteur** de plusieurs livres sur le diamant. (11 春)	あなたはダイヤモンドに関する複数の本の著者でもあります.
Sans toi, les choses auraient peut-être pu se passer **autrement**.	君がいなければ, 事はおそらく違った風になり得ただろう.
La conférence traite de l'interdiction de la langue première, **autrement dit**, la langue maternelle, à l'école.	その会議は, 学校における第1言語, 言い換えると, 母語の禁止に関して議論している.
Vous portez un **badge** avec des signes bizarres. (05 秋)	あなたは奇妙な印のついたバッジをつけていますね.
La **beauté** du paysage m'a beaucoup impressionné.	景色の美しさに私はとても感銘を受けた.
Sur le chemin du retour, Élise passe à la **boulangerie** pour acheter du pain.	帰り道で, エリーズはパンを買いにパン屋に立ち寄る.
Il y a des **business** schools américaines qui enseignent les bonnes manières. (01 秋)	行儀作法を教えているアメリカのビジネススクールがある.
Nadia mangeait et buvait trop pour **calmer** sa peur et sa peine.	ナディアは自分の恐怖と苦痛を和らげようとして, 過度に飲食をしていた.

---

se calmer
[ス　カルメ]

代動 鎮まる，落ち着く

---

carnet
[カるネ]
□□ 523

男 手帳；（切符などの）一綴り

---

casque
[カスク]
□□ 524

男 ヘルメット

---

certainement
[せるテヌマン]
□□ 525

副 きっと，確かに

---

certificat
[せるティフィカ]
□□ 526

男 証明書，証書

---

sans cesse
[サン　セス]
□□ 527

熟・慣 絶えず，休みなく

---

champagne
[シャンパーニュ]
□□ 528

男 シャンパン

---

champion,
championne
[シャンピオン，シャンピオンヌ]
□□ 529

男 女 チャンピオン

Dès que la mer **s'est calmée**, il est remonté sur le pont.	海が凪ぐと，すぐに彼はまたデッキに上った．
Quand je prends le métro, j'emporte mes **carnets** et mes crayons. (11 秋)	メトロに乗るとき，私は（写生用の）手帳と鉛筆を持って行きます．
Dans le chantier, on doit porter un **casque** pour la sécurité.	工事現場では，安全のためにヘルメットをかぶらなければならない．
Il ne mange pas de viande de porc, **certainement** pour raison religieuse.	彼は豚肉を食べないが，きっと宗教上の理由のためだ．
La remise de votre **certificat** de fin d'études est prévue pour la fin du mois.	あなたの学業修了証書の交付は月末に予定されています．
Il pleut **sans cesse**. Le froid nous pousse à passer des heures au restaurant.	雨が休みなく降っている．寒さのため私たちはレストランで数時間を過ごすことになる．
Une hausse des ventes s'explique essentiellement par l'explosion des exportations de **champagne**, due au phénomène «l'an 2000». (01 春)	売り上げの上昇は，「2000年現象」によるシャンパン輸出の急激な増加によって主に説明がつく．
Le nouveau **champion** a exprimé sa joie devant la télé.	新チャンピオンはテレビの前で自身の喜びを表した．

charmant(e)

[シャルマン(ト)]
□□ 530

形 魅力的な

charme

[シャルム]
□□ 531

男 魅力

chasser

[シャセ]
□□ 532

動 追い払う，狩る

chauffeur

[ショフーる]
□□ 533

男 運転手

chuter

[シュテ]
□□ 534

動 落ちる，下がる

cimetière

[スィムティエーる]
□□ 535

男 墓地

coffre

[コフる]
□□ 536

男 大箱；金庫；（自動車の）トランク

coiffeur,
coiffeuse

[コワフーる，コワフーズ]
□□ 537

男 女 理容師

Chaque année, Fabia passait l'hiver sur la côte italienne, dans un hôtel **charmant** d'Amalfi.	毎年，ファビアは冬をイタリア海岸のアマルフィにある素敵なホテルで過ごした．
Ce qui fait le **charme** de cette ville, c'est le tramway qui se faufile dans la vieille ville.	この街に魅力を与えているのは，旧市街を縫うように走る路面電車です．
Babette a tenté de **chasser** le stress et l'anxiété en pratiquant cet exercice simple tous les jours.	バベットは毎日この単純な運動をすることで，ストレスと不安を追い払おうとした．
Ce **chauffeur** de camion a reçu une amende de 100 euros.	このトラック運転手は100ユーロの罰金刑を受けた．
Après les attentats qui ont frappé Paris, le trafic aérien **a chuté** d'environ 6%.	パリを襲ったテロの後，航空輸送量は約6％下がった．
Pour rentrer chez lui, Jacques avait l'habitude de passer par un **cimetière**. (01春)	家に帰るために，ジャックは墓地を通っていくのが習慣だった．
Il a mis la valise dans le **coffre** de sa voiture.	彼は車のトランクにスーツケースを入れた．
Je me suis fait couper les cheveux chez le **coiffeur**.	私は床屋さんで髪を切ってもらった．

coin
[コワン]
□□ 538
男 角，隅

au coin de ...
［オ　コワン　ドゥ］
熟・慣 〜の隅に

commercial(e)
[コメるスィアル]
□□ 539
形 商業の

＊男性複数形は **commerciaux** ［コメるスィオ］

conclusion
[コンクリュズィオン]
□□ 540
女 結論

en conclusion
［アン　コンクリュズィオン］
熟・慣 結論として

avoir conscience de ...
［アヴォワーる　コンスィアンス　ドゥ］
□□ 541
熟・慣 〜に気づく，〜を自覚する

reprendre conscience
［るブらンドる　コンスィアンス］　熟・慣 意識を取り戻す

construction
[コンストリュクスィオン]
□□ 542
女 建設；建物

La plupart du temps, nous choisissons de leur montrer des petits **coins** où les touristes ne vont jamais. (11 春)	大抵，私たちは旅行者が決して行かないような小さな街角を彼らに見せることに決めています．
Le distributeur de tickets de métro se situe **au coin du** hall.	メトロの券売機はコンコースの隅にある．
Pour une raison **commerciale**, nous devons vite remplacer le sapin de Noël par les ornements du Nouvel An.	商売上の理由から，私たちはクリスマスツリーを急いで新年の飾りつけに取り替えなければならない．
Comment vous êtes arrivé à cette **conclusion** ?	あなたはどのようにしてその結論にたどり着いたのですか？
En conclusion, je pense que Tommy est très sympa, bon enseignant d'anglais.	結論として，私はトミがとても感じのよい人で，いい英語教師だと思う．
À ce moment-là, il n'**avait** pas **conscience de** l'importance du problème.	その時点では，彼は問題の重要性に気づいていなかった．
Valentin **a repris conscience** avant l'arrivée des pompiers. (06 春)	ヴァランタンは消防士が到着する前に意識を取り戻した．
Récemment, Marc a travaillé à la **construction** d'une université américaine, dont l'ensemble a une forme très originale. (09 春)	最近マルクは，あるアメリカの大学の建設に携わったが，その全体像はとても独特な形であった．

contemporain(e)

［コンタンポらン，コンタンポれレンヌ］
□□ 543

形 現代の

---

conteneur

男 コンテナ

［コントゥヌーる］
□□ 544

---

convenir à ...

熟・慣 〜にふさわしい，〜に適している

［コンヴニーる　ア］
□□ 545

---

conversation

女 会話

［コンヴェるサスィオン］
□□ 546

---

correct(e)

形 正確な，正しい

［コれクト］
□□ 547

---

couple

男 夫婦

［クプル］
□□ 548

---

courrier

男 郵便物，手紙

［クリエ］
□□ 549

C'est un des photographes japonais **contemporains** les plus importants.

その人は最も重要な現代の日本人写真家の一人です.

20 kilos de cocaïne ont été saisis dans un **conteneur** sur le port de Yokohama.

横浜港のコンテナの中で20キロのコカインが押収された.

Quel type de sol **convient** le mieux **à** ces légumes ?

これらの野菜にはどんなタイプの土壌が一番適しているのだろうか?

On utilise cette expression très souvent dans la **conversation** quotidienne.

この表現は日常会話の中でとてもよく使います.

Parce que les koalas risquent de s'affaiblir vite si on ne leur donne pas une nourriture **correcte**. (02 春)

というのも, コアラは正しい食物を与えないとすぐに弱ってしまう危険があるからです.

Avec la révolution du féminisme, certains **couples** trouvent normal que les hommes participent à la moitié du travail domestique, mais le cas est loin d'être majoritaire. (08 春)

フェミニズム革命により, 男性が家事の半分に参加するのは当然だと考える夫婦がいるものの, そうした例が多数というには程遠い.

L'heure d'arrivée du **courrier** est assez variable selon la situation.

郵便物の到着時刻は状況によってかなりばらつきがあります.

culturel, **culturelle** [キュルテュれル] □□ 550	形 文化的な
davantage [ダヴァンタージュ] □□ 551	副 より多く，いっそう
dernier, **dernière** [デるニエ，デるニエーる] □□ 552	男 女 後者
disputer [ディスピュテ] □□ 553	動 (試合を) 戦う，競う
se disputer [ス ディスピュテ]	代動 口論する，喧嘩する
distance [ディスタンス] □□ 554	女 距離
domestique [ドメスティック] □□ 555	形 家の

La différence **culturelle** est patente entre le nord et le sud du pays.	国の北部と南部の間の文化的差異は明白である.
Si je pouvais rester **davantage** à Tokyo, je visiterais également le jardin du Palais impérial.	東京にもっと長く滞在できるのなら，私は皇居の庭園も訪れるのだが.
Sur dix personnes âgées de plus de cent ans, on compte sept femmes pour trois hommes, mais ces **derniers** sont en meilleure santé. (01秋)	100歳を超える10名の高齢者のうち，女性が7名，男性が3名を数えるが，後者の(男性の)ほうが健康状態がよい.
La France et l'Angleterre **disputeront** la finale du championnat. (04春)	フランスとイギリスが選手権の決勝を戦うことになろう.
Je n'ai jamais vu mes parents tellement **se disputer**.	私は両親がこんなに口論しているのを今まで見たことがなかった.
Gardez vos **distances** sur les autoroutes.	高速道路では車間距離を保ってください.
Il est vrai qu'au cours de ces 25 dernières années, le temps de travail **domestique** des femmes a diminué d'à peu près huit heures par semaine. (08春)	この25年間で，女性の家事の時間が1週間で約8時間少なくなったというのは本当だ.

dossier

[ドスィエ]
☐☐ 556

男 書類；（パソコンの）フォルダ

à feu doux

[ア　フ　ドゥ]
☐☐ 557

熟・慣 とろ火で，弱火で

droitier,
droitière

[ドロワティエ，ドロワティエーる]
☐☐ 558

男 女 右利きの人

échec

[エシェック]
☐☐ 559

男 失敗；（複数形で）チェス

économique

[エコノミック]
☐☐ 560

形 経済的な

efficace

[エフィカス]
☐☐ 561

形 有効な

élection

[エレクスィオン]
☐☐ 562

女 選挙

Tangui a envoyé son **dossier** de candidature à l'université.	タンギは願書を大学に送った.
Laissez cuire **à feu doux** pendant cinq minutes à peu près.	弱火で 5 分くらい加熱を続けて下さい.
Tu es **droitier** et ta main droite porte une cicatrice de morsure.	君は右利きだね, 右手には噛まれた傷跡がある.
Ils ont appris beaucoup de choses par cet **échec**.	この失敗から彼らはたくさんの事を学んだ.
Elle a vécu les grands événements du vingtième siècle : les deux guerres mondiales, la croissance **économique**, la révolution des mœurs et la société de consommation. (03 春)	彼女は 20 世紀の大事件を生きてきた. 2つの世界大戦, 経済成長, 生活習慣の激変, そして消費社会である.
Le gouvernement n'arrive pas à prendre des mesures **efficaces**.	政府は有効な対策を講じられずにいる.
Le taux de participation a été très élevé à l'**élection** de la semaine dernière.	先週の選挙では投票率がとても高かった.

élégance
[エレガンス]
□□ 563
囡 優雅，上品

ennuyeux, ennuyeuse
[アンニュイユ，アンニュイユーズ]
□□ 564
形 退屈な

entendre
[アンタンドる]
□□ 565
動 聞こえる；理解する

entendre par ...
[アンタンドる　パーる] 熟・慣 ～を意味する

entendre parler de ...
[アンタンドる　パるレ　ドゥ]
熟・慣 ～について聞く

s'entendre bien (avec ...)
[サンタンドる　ビヤン　（アヴェック）]
熟・慣 （～と）仲がよい

équilibre
[エキリーブる]
□□ 566
男 バランス，つり合い

en équilibre
[アネキリーブる] 熟・慣 つり合った，安定した

Qu'est-ce que l'**élégance** pour vous ? (02秋)	あなたにとってエレガンスとは何ですか？
Personnellement, je suis d'accord pour dire que le cinéma français actuel est **ennuyeux**.	私は個人的には，今のフランス映画が退屈だということに賛成です．
Quelle est la différence entre «écouter» et «**entendre**» ?	「聴く（écouter）」と「聞こえる（entendre）」の違いは何だろうか？
Qu'est-ce que vous **entendez par** là ? (04秋)	それはどういう意味ですか？
Aujourd'hui, on **entend** plus **parler des** centrales nucléaires que **du** tsunami.	今日では，津波のことよりも原子力発電所のことについて聞くことが多い．
À votre avis, l'Angleterre et l'Union européenne vont-elles **bien s'entendre** ?	あなたの考えでは，イギリスと EU は仲よくやって行けると思いますか？
Son **équilibre** perdu, il est tombé de l'échelle.	バランスを失って，彼はハシゴから落ちた．
Il n'est pas facile de surfer **en équilibre** sur la vague.	波の上で安定してサーフィンをするのは簡単ではない．

étape

[エタップ]
□□ 567

女 行程，段階

exportation

[エクスポるタスィオン]
□□ 568

女 輸出

face à ...

[ファス ア]
□□ 569

熟・慣 ～に面して

faire face à ...

[フェーる ファス ア]

熟・慣 ～に向く，～に立ち向かう

fièvre

[フィエーヴる]
□□ 570

女 熱，熱狂

fonder

[フォンデ]
□□ 571

動 創設する

formation

[フォるマスィオン]
□□ 572

女 形成，養成，訓練

foyer

[フォワイェ]
□□ 573

男 家庭，世帯

Selon le romancier, la migration de ces papillons s'est faite en quatre **étapes**. (12秋)	小説家によると，この蝶の移動は4つの段階を経て行われた．
Les **exportations** sont en baisse dans quasiment tous les secteurs.	輸出はほぼ全ての産業部門において下降している．
Les femmes sont logées dans un très grand hôtel, **face à** la mer.	女性たちは海に面したとても大きなホテルに泊まっている．
Odile nous emmène dans la forêt qui **fait face à** la ferme.	オディルは私たちを農場の向かい側にある森に連れて行く．
Passée la **fièvre** des célébrations de l'an 2000, les Français boivent moins de vin qu'auparavant. (01春)	2000年の祝賀フィーバーも過ぎ去り，フランス人は以前ほどワインを飲まなくなっている．
L'ancien maire de la ville et ses collègues **ont fondé** un nouveau parti.	前市長とその同僚たちは新党を結成した．
J'ai suivi une **formation** professionnelle à Lille.	私はリールで職業訓練を受けました．
La tempête a privé 1,4 million de **foyers** d'électricité. (00秋)	嵐で140万世帯が停電した．

futur(e)

[フュテュール]
□□ 574

形 未来の，将来の

garde

[ガルド]
□□ 575

男 女 警備員

gêner

[ジェネ]
□□ 576

動 邪魔する，迷惑をかける

se gêner

[ス ジェネ]

代動 遠慮する，窮屈な思いをする

gravement

[グラーヴマン]
□□ 577

副 ひどく，重く

habituer

[アビテュエ]
□□ 578

動 慣らす

s'habituer à ...

[サビテュエ ア]

代動 ～に慣れる

handicap

[アンディカップ]
□□ 579

男 不利な条件，ハンディキャップ

Nicolas est considéré comme le **futur** premier ministre.	ニコラは将来の総理大臣と目されている.
Il fait aussi les **gardes** de nuit et de week-end. (11 春)	彼はまた夜間と週末に警備員をしている.
Ça vous **gêne** si j'utilise la photocopieuse maintenant ?	今コピー機を使ったらお邪魔でしょうか?
Ne **vous gênez** pas. Mettez-vous à l'aise. (10 春)	遠慮は要りません. くつろいでください.
Son étudiant de Master s'est **gravement** blessé dans un accident de voiture.	彼の修士課程の学生が車の事故で重傷を負った.
Le programme vise à **habituer** les nouveaux étudiants à la vie du campus.	そのプログラムは新入生をキャンパスライフに慣らすことを狙いとしている.
Émile a eu beaucoup de mal à **s'habituer à** son changement de lit.	エミールはベッドが変わったことで慣れるのにずいぶん苦労した.
Quand on a le **handicap** mélangé à des langues variées, on ne sait plus si c'est le handicap ou la différence de langues qui pose problème. (07 春)	ハンディと言語の違いが混ざり合っていると, 問題を起こしているのがハンディのほうなのか, 言語の違いなのか分からない.

haut

[オ]
□□ 580

男 高所，上部

---

en haut de ...

[アン オ ドゥ]

熟・慣 ～の上部で

---

honnête

[オネット]
□□ 581

形 誠実な，正直な

---

avoir horreur de ...

[アヴォワール オるール ドゥ]
□□ 582

熟・慣 ～を憎む，～が大嫌いである

---

hors de ...

[オール ドゥ]
□□ 583

熟・慣 ～の外に

---

de bonne humeur

[ドゥ ボンニュムール]
□□ 584

熟・慣 機嫌がよい

---

image

[イマージュ]
□□ 585

女 イメージ；映像

---

infirmier,

infirmière

[アンフィるミエ，アンフィるミエール]
□□ 586

男 女 看護師

El Niño tire les températures vers le **haut**, notamment dans la zone du Pacifique.

エルニーニョが特に太平洋域で気温を引き上げる.

«Retour **en haut de** la page.»

「ページ上部に戻る」（ウェブサイト上の表示）

Aucune des personnes que j'ai rencontrées n'a jamais été **honnête** ou sincère avec moi.

私が出会った人たちは誰も，私に親切でも誠実でもなかった.

Ma fille **a horreur des** corbeaux.

私の娘はカラスが大嫌いである.

Pour éviter le danger, il a mis le flacon **hors de** portée des enfants.

危険を避けるために，彼は小瓶を子どもの手の届かない所に置いた.

Elle est **de bonne humeur**, parce qu'il y aura une fête ce soir.

今晩パーティーがあるから，彼女は機嫌がいい.

Il est possible que de nombreux touristes japonais se fassent une **image** trop partiale de Paris.

多くの日本人観光客がパリに対して過度に偏ったイメージを抱いている可能性があります.

Une **infirmière** a porté secours à ce vieil homme et lui a fait un massage cardiaque.

一人の看護婦がその老人の救護をし，心臓マッサージを行った.

inquiétude
[アンキエテュード]
□□ 587

女 不安，心配

interroger
[アンテロジェ]
□□ 588

動 質問する，尋問する

jeter
[ジュテ]
□□ 589

動 投げる

jeter un coup d'œil sur ...
[ジュテ　アン　ク　ドゥイ　スュール]

熟・慣 ～をちらっと見る，～にざっと目を通す

liberté
[リベるテ]
□□ 590

女 自由

litre
[リットる]
□□ 591

男 リットル

location
[ロカスィオン]
□□ 592

女 レンタル，賃貸

loi
[ロワ]
□□ 593

女 法，法律；法則

Je me situe au centre, entre l'espoir et l'**inquiétude**.	私は期待と不安の真ん中にいます.
Sur l'autoroute, l'automobiliste devant nous **a été interrogé** par la gendarmerie.	高速道路で, 私たちの前にいたドライバーが憲兵隊から尋問を受けた.
Ne **jetez** pas les cartouches d'encre usées. Un bac de recyclage est disponible dans notre magasin.	使用済みのインクカートリッジを捨てないでください. リサイクルボックスが当店にございます.
Peux-tu **jeter un coup d'œil sur** le document ?	書類にざっと目を通してもらえる?
Cet événement a causé un débat national sur la **liberté** d'expression.	その事件は表現の自由に関する国民的議論を巻き起こした.
Le Mexique est ainsi le premier consommateur au monde de cette boisson : 112 **litres** par personne et par an. (04 春)	メキシコはこの飲物（＝コカ・コーラ）を世界で一番消費している：1 年間に一人あたり 112 リットルである.
Il y a deux agences de **location** de voiture en face de la gare.	駅の正面に 2 つのレンタカー業者があります.
La modification des **lois** sur l'immigration suscite un fort débat dans ce pays.	移民に関する法律の修正がその国の中で大論争を起こしている.

luxe
[リュクス]
□□ 594
男 贅沢；高級品

manifestation
[マニフェスタスィオン]
□□ 595
女 表明；デモ

marquer
[マるケ]
□□ 596
動 示す，記録する

mécanisme
[メカニスム]
□□ 597
男 仕組み，メカニズム

méchant(e)
[メシャン(ト)]
□□ 598
形 いじわるな；(動物が) 攻撃的な

ménager,
ménagère
[メナジェ，メナジェーる]
□□ 599
形 家事の

mener à ...
[ムネ　ア]
□□ 600
動 ～に導く，～に通じる

mensonge
[マンソンジュ]
□□ 601
男 うそ，虚偽

Les touristes achètent des articles détaxés de **luxe** dans les boutiques à l'aéroport.	旅行客は空港内の店で高級免税品を買う.
Dans ce village, il n'y a ni grèves, ni misère, ni **manifestations**. (00 秋)	この村では, ストも貧困もデモもない.
La fin de la zone piétonne n'**est** pas bien **marquée** ici.	歩行者ゾーンの終わりがここでははっきりと標示されていない.
Quel est le **mécanisme** de la transpiration ?	汗をかくメカニズムはどのようなものですか?
Excusez-moi pour cette question un peu **méchante**.	少しいじわるな質問ですみません.
De mon temps, les femmes devaient s'occuper des tâches **ménagères** et en particulier aller à la rivière chercher de l'eau pour laver le linge. (13 春)	私の時代には, 女性は家事に従事し, とくに洗濯物を洗うための水を見つけに川に行かなければなりませんでした.
Ce petit chemin dans la fôret **mène au** village voisin.	この森の中の小道は隣の村に通じている.
Il existe des cas dans lesquels le **mensonge** est acceptable et tolérable.	嘘が受け入れられ, 許容できるような場合があります.

merveilleux, merveilleuse

形 驚くべき，素晴らしい

[メるヴェイユ, メるヴェイユーズ]
☐☐ 602

---

mesurer

動 測定する；寸法（身長）がある

[ムズュれ]
☐☐ 603

---

métal

男 金属

［メタル］
☐☐ 604

＊複数形は métaux［メト］

---

méthode

女 方法，方式

［メトッド］
☐☐ 605

---

mine

女 顔つき；顔色

［ミーヌ］
☐☐ 606

---

ministère

男 閣僚；省庁，内閣

［ミニステーる］
☐☐ 607

---

naturellement

［ナテュれルマン］
☐☐ 608

副 自然に；当然ながら

---

noir

男 黒

［ノワーる］
☐☐ 609

Noir(e) 男 女 黒人

Ma femme et moi, nous avons passé un **merveilleux** week-end chez ma tante. (06 春)

妻と私は，叔母の家で素晴らしい週末を過ごしました．

Mon père **mesure** 1m76. Il est assez grand pour sa génération.

私の父の身長は 1m76 です．彼の世代にしてはかなり背が高い．

Au marché aux puces, on vendait de jolies chaises en **métal**.

蚤の市で，美しい金属製の椅子が売られていた．

Cet artiste propose une nouvelle **méthode** pour apprendre la musique au grand public.

このアーティストは一般大衆に音楽を教えるための新しい方法を提案している．

Cheng avait mauvaise **mine** lors de la réunion.

チェンは会合のとき，顔色が悪かった．

C'est le **ministère** de l'Éducation nationale qui a eu l'idée de créer ce cours de théâtre. (09 秋)

この演劇の授業を創設することを考えついたのは国民教育省です．

Naturellement ce n'est pas sur leurs études qu'ils sont acceptés, mais sur le foot. (07 春)

当然ながら彼らが受け入れられたのは勉強に基づいてではなく，サッカーによるものです．

Dans son parc, il a environ 250 caïmans de trois espèces : le **noir**, le rouge et le gris. (12 秋)

彼の公園には，黒，赤，灰色の3種類のワニ約250匹がいます．

obligatoire
[オブリガトワーる]
□□ 610
形 義務の，強制の

océan
[オセアン]
□□ 611
男 大洋，海洋

opposition
[オポズィスィオン]
□□ 612
女 反対，異議，対立

ordinaire
[オるディネーる]
□□ 613
形 普通の，ありふれた

originalité
[オリジナリテ]
□□ 614
女 独創性，斬新さ

ouvrage
[ウヴらージュ]
□□ 615
男 作品，仕事

participant(e)
[パるティスィパン(ト)]
□□ 616
男 女 参加者

**passager,
passagère**
[パサジェ，パサジェーる]
□□ 617
男 女 乗客

Le port du bonnet de bain est **obligatoire** dans notre piscine.	当プールでは水泳帽の着用が義務づけられています.
Les nuages qui viennent de l'**océan** couvriront toute la région demain matin.	海洋からやってくる雲が, 明朝には地域一帯を覆うでしょう.
S'il n'y a pas d'**opposition**, nous adoptons cette motion d'urgence.	異議がないようでしたら, この緊急動議を採択します.
C'est une œuvre trop difficile pour un homme **ordinaire** comme moi.	これは私のような平凡な人間には難しすぎる作品だ.
Le plan A est excellent pour son **originalité**, mais sa faisabilité n'est pas assurée.	プランＡはその独創性が素晴らしいが, 実現可能性は保証されていない.
Ce film est le dernier **ouvrage** de ce réalisateur.	この映画はこの監督の最新作です.
Oui, le Marathon de Paris a une histoire de plus de 30 ans, et il y a chaque année en avril plus de 30 000 **participants**. (07 春)	はい, パリ・マラソンには30年以上の歴史があり, 毎年４月に３万人以上の参加者がいます.
Et puis il y avait pas mal de **passagers** très pressés qui se plaignaient même des petits retards. (10 秋)	それに, 多くの乗客たちがとても急いでいて, ちょっと遅れただけでも不平を言いました.

passionnant(e)

［パスィオナン(ト)］
□□ 618

形 非常に面白い

---

peintre

［パントる］
□□ 619

男 女 画家

---

permis

［ぺるミ］
□□ 620

男 許可証, 免許証

---

personnage

［ぺるソナージュ］
□□ 621

男 人物；登場人物

---

plainte

［プラント］
□□ 622

女 苦情；提訴

porter plainte contre ... 熟・慣 〜を提訴する

---

policier,
policière

［ポリスィエ, ポリスィエーる］
□□ 623

男 女 警察官

---

positif,
positive

［ポズィティフ, ポズィティーヴ］
□□ 624

形 肯定的な, プラスの

«C'est sublime ! C'est unique ! C'est **passionnant** !»

これは見事だ！　ユニークだ！　非常に面白い！

J'ai toujours voulu être **peintre**. Mais j'ai choisi de devenir médecin, parce que mes parents le souhaitaient. (03春)

私はずっと画家になりたいと思っていた．しかし両親が望んでいたこともあり，医者になることを選んだ．

Il a presenté son **permis** de conduire au policier, mais il était déjà périmé.

彼は警察官に運転免許証を見せたが，すでに有効期限が切れていた．

Vers la fin du roman, un des **personnages** principaux a raté une marche et il s'est cassé la jambe. (05春)

小説の最後のあたりで，主人公の一人が階段を踏み外して，足を骨折した．

Un groupe de consommateurs a porté **plainte** contre la société alimentaire.

ある消費者のグループが食品業者を提訴した．

Comme la rue était bloquée à cause d'un accident, la **policière** m'a demandé de faire un détour.

事故で道が封鎖されていたので，婦人警官は私に迂回するように言った．

Ces effets **positifs** du café sont connus depuis plusieurs années.

コーヒーがもつこれらのプラスの効果は何年も前から知られている．

poubelle

[プベル]
□□ 625

女 ゴミ箱

poutre

[プートる]
□□ 626

女 梁

précisément

[プれスィゼマン]
□□ 627

副 明確に，正確に

presse

[プれス]
□□ 628

女 報道

rang

[らン]
□□ 629

男 (横の) 列；順番

réagir

[れアジーる]
□□ 630

動 反応する；抵抗する

réanimation

[れアニマスィオン]
□□ 631

女 蘇生術

recette

[るセット]
□□ 632

女 料理法，レシピ

Tu n'as qu'à la jeter à la **poubelle** ! (12 春)	ゴミ箱にそれ（＝請求書の手紙）を捨てるしかないよ！
Il faut connaître la longueur de la **poutre** et son poids.	梁の長さとその重量を知らなければならない．
J'habite dans la banlieue sud de Paris, plus **précisément** à Antony.	私はパリ南部の郊外，より正確に言うとアントニーに住んでいます．
La liberté de la **presse**, cela n'a jamais existé dans ce pays.	報道の自由なんて，この国では一度も存在したことがない．
Vous connaissez le garçon qui s'assoie toujours au premier **rang** de l'amphi ?	階段教室でいつも1列目に座っている男の子を知ってますか？
Les gens **ont réagi** très violemment contre la décision du gouvernement.	人々は政府の決定に対してとても激しく抵抗した．
Corinne n'avait jamais appris les gestes de **réanimation** qu'elle a exercés sur son fils. (06 春)	コリンヌは息子に行った蘇生術を一度も学んだことがなかった．
C'est un livre de **recettes** qui vous permettra de varier vos plats quotidiens.	これはあなたの日常の料理にバラエティーを与えてくれるレシピ本です．

remonter

[るモンテ]
□□ 633

動 再び上る；さかのぼる

se renseigner

[ス らンセニェ]
□□ 634

代動 情報を得る，問い合わせる

réparation

[れパらスィオン]
□□ 635

女 修理

reptiles

[れプティル]
□□ 636

男 (複数形で) 爬虫類

résister à ...

[れズィステ ア]
□□ 637

動 ～に抵抗する，～に耐える

respect

[れスペ]
□□ 638

男 尊敬，尊重

respirer

[れスピれ]
□□ 639

動 呼吸する

retrouver

[るトゥるヴェ]
□□ 640

動 再び見つける；再会する

L'origine de la bûche de Noël **remonte** probablement à un rite païen du solstice d'hiver.	ブッシュ・ド・ノエルの起源は異教徒の冬至の祭礼にまでおそらくさかのぼる.
Cette année, plus de cent mille personnes sont venues **se renseigner** à cet office du tourisme.	今年は，10万人以上の人がこの観光案内所に問い合わせに来た.
Votre montre a besoin d'une **réparation**.	あなたの腕時計は修理が必要です.
Il a maintenant le projet de créer un espace spécial pour amener les enfants à aimer les **reptiles**. (12秋)	彼は目下，子どもたちが爬虫類を好きになれるような特別のスペースを作る計画をもっています.
Cet enfant **a** bien **résisté à** la douleur.	この子どもは痛みに耐え抜いた.
Au fur et à mesure que les années passaient, mon **respect** pour cet homme politique augmentait.	年が経つにつれて，その政治家に対する私の尊敬の念は大きくなりました.
J'ai avancé dans la terreur en essayant de ne pas **respirer**.	私は息を堪えながら，恐怖の中を進んだ.
Ce week-end, Aïcha va à Marseille pour **retrouver** sa vieille amie.	この週末に，アイシャは昔の友人と再会するためにマルセイユに行きます.

revenir à ... ［るヴニーる　ア］ □□ 641	熟・慣 ～に帰ってくる；～(の記憶)によみがえる
révolution ［れヴォリュスィオン］ □□ 642	女 革命，変革
salaire ［サレーる］ □□ 643	男 給料，賃金
sale ［サル］ □□ 644	形 汚れた，汚い
sauf ［ソフ］ □□ 645	前 ～以外，～を除いて
scène ［セーヌ］ □□ 646	女 舞台；場面；光景
seconde ［スゴンド］ □□ 647	女 秒；ごくわずかな時間
seul(e) ［スル］ □□ 648	男 女 1つだけ；唯一の人・物

Ton nom ne **revient** jamais **à** mon grand-père. (13秋)

君の名前を私の祖父は決して思い出せない.

La première **révolution** industrielle s'est produite en Angleterre à la fin du XIXe siècle.

第1次産業革命は19世紀末のイギリスで起きた.

Mon **salaire** ne change pas depuis deux ans.

私の給料は2年前から変わっていない.

Le deuxième appartement était très vieux et **sale,** et le troisième dans un quartier où il n'y a pas de magasins. (08春)

2つ目のアパルトマンはとても古くて汚い, そして3つ目のは店がない地区にある.

Les verbes se conjuguent comme ça, **sauf** quelques exceptions.

動詞はいくつかの例外を除いて, このように活用します.

La **scène** a été filmée par les caméras de vidéosurveillance de la grande surface.

その光景は大規模小売店の監視カメラによって撮影された.

Une **seconde** ! J'arrive tout de suite.

ちょっと待ってください!すぐに行きます.

Je suis le **seul** dans mon bureau à avoir échappé à la grippe. (12秋)

オフィスでインフルエンザに罹らなかったのは私一人だけです.

sévère

[セヴェーる]
□□ 649

形 厳しい；深刻な

---

signe

[スィーニュ]
□□ 650

男 しるし，兆し

---

faire signe à ...

[フェーる スィーニュ ア]　熟・慣 ～に知らせる

---

sortie

[ソるティ]
□□ 651

女 出口；外出；発売

---

spécialisé(e)

[スペスィアリゼ]
□□ 652

形 専門化された，特化した

---

spectacle

[スペクタクル]
□□ 653

男 光景；ショー

---

spectateur, spectatrice

[スペクタトゥーる, スペクタトリス]
□□ 654

男 女 観客，視聴者

---

suffisant(e)

[スュフィザン(ト)]
□□ 655

形 十分な

Je pense que tu es trop **sévère** avec tes enfants.	君は子どもたちに対して厳しすぎると思う.
Tu as raison, mais justement leur présence est le **signe** d'une amélioration de la qualité de l'eau. (08 秋)	その通りだけれど, まさにそれら（＝鮭）がいることは水質が改善されたことのしるしなんだ.
Quand tu auras fini ton travail, **fais-moi signe**.	君の仕事が終わったら, 私に知らせてくれ.
Un astronaute japonais a effectué une **sortie** dans l'espace afin de réparer l'appareil extérieur.	1人の日本人宇宙飛行士が, 外部装置を修理するために宇宙空間で船外活動を行った.
Dans ce quartier, il y a plusieurs magasins **spécialisés** en ustensiles de cuisine.	この界隈には調理用具に特化した店が複数ある.
Quand vous étiez enfant, aimiez-vous les **spectacles** de cirque ?	子どもの頃, サーカスのショーを観るのは好きでしたか?
Quelles sont les réactions des **spectateurs** ? (10 春)	観客らの反応はどんなですか?
Le changement de mot de passe est-il **suffisant** pour la sécurité ?	パスワードの変更はセキュリティーのために十分であろうか?

terrain

[テらン]
□□ 656

男 土地；グランド

terrain de jeu 熟・慣 男 遊び場
terrain de tennis 熟・慣 男 テニスコート

totalement

[トタルマン]
□□ 657

副 全く，完全に

tracteur

[トらクトゥール]
□□ 658

男 トラクター

être en train de ...

[エートる　アン　トらン　ドゥ]
□□ 659

熟・慣 ～している最中である

tricoter

[トリコテ]
□□ 660

動 編み物をする

universitaire

[ユニヴェるスィテーる]
□□ 661

形 大学の

cité universitaire

[スィテ　ユニヴェるスィテーる]

熟・慣 大学都市，大学の学生寮

vaisselle

[ヴェセル]
□□ 662

女 食器；食器洗い

Le **terrain** de tennis se trouve à côté de la piscine.

テニスコートはプールの横にあります.

L'atmosphère a **totalement** changé depuis son apparition.

彼(女)が現れてから, 雰囲気が完全に一変した.

Faut-il un permis spécial pour conduire un **tracteur** ?

トラクターを運転するためには特別な免許証が必要ですか?

Pourquoi les cours des banques européennes **sont**-ils **en train de** chuter ?

ヨーロッパの銀行の諸通貨はなぜ下落しつつあるのだろうか?

Priscilia aime regarder la télévision en **tricotant**.　　　　(04 秋)

プリシリアは編み物をしながらテレビを見るのが好きです.

Alors, on se verra à l'entrée de la bibliothèque **universitaire** à 10h.

それじゃあ 10 時に大学図書館の入口で会いましょう.

On y a un confort supérieur aux chambres de certaines **cités universitaires**.　　　(10 春)

そこは幾つかの大学都市の部屋よりも快適です.

Après avoir lavé et rangé la **vaisselle**, Janine est partie voir des cerisiers en fleur.

食器洗いをして整理した後で, ジャニヌは花見に出かけた.

---

lave-vaisselle

[ラーヴ ヴェセル] 　男 食器洗い機

une vingtaine de ...

[ユヌ ヴァンテヌ ドゥ]　熟・慣 およそ20の〜
□□ 663

vivant(e)

[ヴィヴァン(ト)]　形 生きている，活気のある，にぎやかな
□□ 664

yen

[イェン]　男 日本円
□□ 665

Est-il vrai que le **lave-vaisselle** consomme moins d'eau qu'une vaisselle à la main ?	食洗器が手で食器を洗うよりも水の消費が少ないというのは本当ですか？
Il y avait **une vingtaine de** personnes qui attendaient devant nous.	私たちの前に20人くらいの人が待っていた．
Édouard essaie d'offrir à ses clients des plats dans une ambiance **vivante**. (13春)	エドゥアールはにぎやかな雰囲気の中で料理をお客に提供しようとする．
L'euro baissait face au **yen** avant la décision de la Banque centrale européenne.	ヨーロッパ中央銀行の決定の前，ユーロは円に対して下落しつつあった．

⑩ Pouvez-vous expliquer votre travail ?

仕事について説明してくださいますか?

→ **Je travaille trois jours par semaine dans une librairie près de la gare ... Chaque jour, il y a beaucoup de clients.**

～駅近くの本屋で週に3日アルバイトをしています. 毎日お客さんは多いです.

⑪ Parlez-nous de votre région natale.

故郷について話してください.

→ **Je suis née à Sapporo, à Hokkaido. Mes grands-parents habitent toujours là-bas.**

私は北海道の札幌で生まれました. 祖父母が今もそこに住んでいます.

⑫ Racontez-nous ce que vous avez fait hier.

昨日あなたがしたことを話してください.

→ **Hier, je suis allée à l'université et j'ai eu cinq cours. Après, j'ai travaillé à la bibliothèque pour préparer l'entretien d'aujourd'hui.**

昨日は大学に行きました. 授業が5つありました. その後, 今日の面接の準備をするために図書館で勉強しました.

⑬ Pourquoi avez-vous choisi d'apprendre le français à l'université ?

なぜ大学でフランス語を学ぼうと思ったのですか?

→ **C'est difficile à expliquer... En fait, je n'avais pas de raison particulière.**

説明するのは難しいですね… 実際, これといった理由もなかったので.

⑭ Le français est une langue difficile pour vous ?

フランス語はあなたにとって難しい言語ですか?

→ **Oui. Surtout au début. La prononciation était assez difficile et j'avais du mal à apprendre la conjugaison. Mais maintenant, je suis contente de pouvoir parler un peu français.**

はい. とくに最初は. 発音がかなり難しかったですし, 活用を覚えるのに苦労しました. でも今は, フランス語を少し話すことができてうれしいです.

*受検者は女性という設定です.

PARTIE 6

135 mots

001-135

その他の熟語・慣用表現

parce que ...
[パるスク]
☐☐ 001
熟・慣 なぜなら～だからである

grâce à ...
[グらス ア]
☐☐ 002
熟・慣 ～のおかげで

selon ...
[スロン]
☐☐ 003
熟・慣 前 ～によると；～に応じて

d'après ...
[ダプれ]
☐☐ 004
熟・慣 ～によると；～の意見では

pour que ...
[プーる ク]
☐☐ 005
熟・慣 ～するために

continuer à ...
[コンティニュエ ア]
☐☐ 006
熟・慣 ～し続ける

ça fait ～ que ...
[サ フェ ク]
☐☐ 007
熟・慣 …してから～（期間）になる

de plus en plus de ...
[ドゥ プリュザン プリュ ドゥ]
☐☐ 008
熟・慣 ますます多くの～

Il faut que je termine vite ce travail, **parce qu'**il ne reste pas beaucoup de temps avant de partir.	私はこの仕事を早く終わらせなければならない，というのも出発まであまり多くの時間が残っていないからだ．
Grâce à votre aide, j'ai réussi à l'examen.	あなたの助けのおかげで，私は試験に合格しました．
Selon la presse, il y aura une grève des taxis demain.	報道によると，あすタクシーのストライキがあるとのことです．
D'après un sondage, un adulte sur trois utiliserait les sites de rencontre.	調査によると，大人の3人に1人が出会いサイトを利用しているという．
Il a éteint la télé **pour que** son fils puisse se concentrer sur son devoir.	息子が宿題に集中できるようにするため彼はテレビを消した．
Si tu **continues à** travailler comme ça, tu vas mourir !	そんな風に仕事をし続けたら，君は死んでしまうよ！
Ça fait longtemps **qu'**on ne s'est pas vus.	会わなくなって久しいね．
Il y a **de plus en plus de** touristes qui s'intéressent aux autres villes que Tokyo, Kyoto et Osaka.	ますます多くの旅行者が東京，京都，大阪以外の都市に興味を持っている．

non seulement ～ mais aussi ...

[ノン スルマン メ オッスィ]
□□ 009

熟・慣 ～だけでなく…もまた

penser à ...

[パンセ ア]
□□ 010

熟・慣 ～について考える

changer de ...

[シャンジェ ドゥ]
□□ 011

熟・慣 ～を変える

de plus

[ドゥ プリュ(ス)]
□□ 012

熟・慣 しかも，さらに

se souvenir de ...

[ス スヴニーる ドゥ]
□□ 013

熟・慣 ～を覚えている

en général

[アン ジェネラル]
□□ 014

熟・慣 一般に

par jour

[パーる ジューる]
□□ 015

熟・慣 一日につき

sans doute

[サン ドゥット]
□□ 016

熟・慣 おそらく

Non seulement ce chien est sage, **mais aussi** il est intelligent. (06春)

その犬は従順なだけではなく，利口です．

Fermez les yeux et **pensez à** quelqu'un.

目を閉じて，誰かのことを考えてください．

J'ai changé d'adresse mail, parce qu'il y avait trop de spams.

スパムが多すぎたので，メールアドレスを変えました．

De plus, il vaut mieux arriver à l'aéroport au moins deux heures avant le départ.

さらに，出発の少なくとも2時間前には空港に到着しておいたほうがいい．

On peut **se souvenir** seulement **d'**une partie de nos rêves.

私たちは夢の一部分だけを覚えていられる．

En général, les sushis se trouvent partout dans le monde, mais sous des formes réinterprétées.

一般に，寿司は世界のどこにでもある，しかしアレンジされた形である．

J'ai vécu tout seul au milieu du désert du Sahara en ne buvant qu'un litre d'eau **par jour**. (08秋)

私は一日に1リットルの水だけを飲んで，サハラ砂漠の真ん中でたった1人で生活しました．

Si vous avez des animaux, vous avez **sans doute** des problèmes quand vous partez en vacances. (08春)

動物を飼っていると，ヴァカンスに出かけるときにおそらく問題になります．

prendre la décision de ...

[プらンドる ラ デスィズィオン ドゥ]
☐☐ 017

熟・慣 ~することを決意する

bien que ...

[ビヤン ク]
☐☐ 018

熟・慣 ~にもかかわらず

Le but, c'est de ...

[ル ビュット セ ドゥ]
☐☐ 019

熟・慣 目的は…することである

~ fois plus de ...

[フォワ プリュス ドゥ]
☐☐ 020

熟・慣 ~倍多くの…

pour la première fois

[プーる ラ プるミエーる フォワ]
☐☐ 021

熟・慣 初めて

à la fois

[ア ラ フォワ]
☐☐ 022

熟・慣 同時に

ne pas hésiter à ...

[ヌ パ エズィテ ア]
☐☐ 023

熟・慣 遠慮せずに~する

en colère

[アン コレーる]
☐☐ 024

熟・慣 怒っている

Le premier ministre **a pris la décision de** faire démissionner le ministre de l'économie.	首相は経済相を辞職させることを決意した.
Bien qu'il ait réussi à son examen, il n'a pas l'air content.	試験に受かったにもかかわらず, 彼はうれしそうではない.
Le but, c'est de le mettre dans sa bibliothèque et de pouvoir le relire dans dix ans. (03 春)	(本の本当の) 目的は, それを書棚に入れて, 10 年後に再び読むことができるようにすることです.
Cette année, on accueille deux **fois plus de** visiteurs que l'année dernière.	今年, 私たちは去年の 2 倍多くの訪問者を迎えています.
Hier soir, j'ai vu mon voisin **pour la première fois**.	昨晩, 私は隣の家の人に初めて会った.
On ne peut pas prononcer deux voyelles différentes **à la fois**.	2つの異なる母音を同時に発音することはできません.
Si vous avez des questions, **n'hésitez pas à** me les poser.	質問があるようでしたら, 遠慮なく私に質問してください.
Ne t'inquiète pas. Le professeur n'est pas **en colère** contre toi.	心配しないで. 先生は君に対して怒っていないよ.

couvrir ~ de ...

[クヴりーる ドゥ]
□□ 025

熟・慣 ~を…で覆う

demander si ...

[ドゥマンデ スィ]
□□ 026

熟・慣 ~かどうか尋ねる

difficile à ...

熟・慣 ~が難しい

[ディフィスィル ア]
□□ 027

emprunter ~ à ...

[アンプらンテ ア]
□□ 028

熟・慣 …から~を借りる

laisser tomber

[レセ トンベ]
□□ 029

熟・慣 あきらめる

aller trop loin

[アレ トろ ロワン]
□□ 030

熟・慣 度が過ぎる

profiter de ...

熟・慣 ~を利用する

[プろフィテ ドゥ]
□□ 031

si ~ que ...

熟・慣 とても~なので…である

[スィ ク]
□□ 032

Marc a mis tous les bâtiments sous un grand toit, et l'a **couvert** entièrement **de** pelouse verte. (09 春)	マルクは全ての建物を大きな屋根の下に置いて，その屋根全体を緑の芝生で覆った．
On me **demande** assez souvent **si** j'ai un briquet.	ライターを持っていないかと私は結構頻繁に尋ねられる．
Les conséquences de cette fuite des cerveaux sont encore **difficiles à** évaluer.	この頭脳流出の影響はまだ評価することが難しい．
Edgar doit **emprunter** vingt mille euros **à** la banque.	エドガーは銀行から２万ユーロを借りなければならない．
Cette candidate **laisserait tomber** la politique si elle n'était pas élue. (09 秋)	この女性候補者は当選しなければ，政界をあきらめるそうだ．
Ne plaisante pas comme ça, tu **vas trop loin**. (07 秋)	そんなふざけないでくれ，度が過ぎてるぞ．
Nous voudrions **profiter de** cette occasion pour rendre hommage aux grands classiques du cinéma japonais.	この機会を利用して，私たちは日本映画の名作に敬意を表したいと思います．
L'histoire était **si** passionnante **qu'**elle ne s'est pas rendu compte que le temps passait. (05 春)	話がとても面白くて，彼女は時間が経っていることに気づかなかった．

c'est ainsi que ...

[セ アンスィ ク]
□□ 033
熟・慣 そんなわけで〜

correspondre à ...

[これスポンドる ア]
□□ 034
熟・慣 〜に対応する，〜に一致する

d'ici ...

[ディスィ]
□□ 035
熟・慣 今から〜まで

c'est pour ça que ...

[セ プーる サ ク]
□□ 036
熟・慣 そのため〜である

prendre sa retraite

[プらンドる サ るトれット]
□□ 037
熟・慣 退職する

rêver de ...

[れヴェ ドゥ]
□□ 038
熟・慣 〜を夢見る

n'avoir rien à voir avec ...

[ナヴォワーる リャナヴォワーる アヴェック]
□□ 039
熟・慣 〜とは全く関係がない

C'est ainsi que Clément a décidé de sortir de chez ses parents.	そんなわけでクレマンは実家を出ることを決めた.
Il n'y a pas d'expression française qui **correspond** parfaitement **à** cette expression japonaise.	この日本語の表現に完全に一致するフランス語の表現はない.
Vous devez renvoyer ce document **d'ici** la fin du mois.	あなたは今から月末までの間にこの書類を返送しなければならない.
Peut-être que j'en attendais trop et **c'est pour ça que** je suis déçu.	たぶん私は期待しすぎていたので，そのために落胆しているのです.
Elle aime son métier et elle ne semble jamais penser à **prendre sa retraite**. (10 春)	彼女は仕事が好きで，退職することを一度も考えたことがないみたいだ.
Mon fils **rêve d'**avoir sa propre voiture.	私の息子は自分の車を持つのを夢見ています.
Il faut que le sport **n'ait rien à voir avec** la politique.	スポーツは政治とは全く関係がないものでなければならない.

une fois ...

[ユヌ フォワ]
☐☐ 040

熟・慣 ひとたび〜すると

aider ～ à ...

[エデ ア]
☐☐ 041

熟・慣 〜が…するのを助ける

l'autre jour

[ロートる ジューる]
☐☐ 042

熟・慣 先日

ce qui ～ , c'est ...

[ス キ セ]
☐☐ 043

熟・慣 〜なのは…である

Le problème, c'est que ...

[ル プろブレム セク]
☐☐ 044

熟・慣 問題は…である

commencer par ...

[コマンセ パーる]
☐☐ 045

熟・慣 〜から始める

déçu(e) de ...

[デスュ ドゥ]
☐☐ 046

熟・慣 〜に失望した

comme d'habitude

[コム ダビテュード]
☐☐ 047

熟・慣 いつものように

Une fois arrivée, elle m'a demandé de l'attendre en bas d'un immeuble, en me laissant sa télé. (01 秋)

ひとたび到着すると，彼女は私にテレビを預けて，建物の下で自分を待つようにと言った.

Ce graphique **aide** les lecteurs **à** mieux comprendre les relations entre les personnages.

この図表は読者が登場人物の関係をよりよく理解するのを助ける.

L'autre jour, Mélissa est venue me transmettre un dossier de la part de son patron.

先日，上司からの書類を私に渡すためにメリッサがやって来た.

Ce qui reste dans ma mémoire, **c'est** surtout le voyage en Italie avec ma famille.

記憶に残っているのは，とくにイタリアへの家族旅行です.

Le problème, c'est que ma boulangerie favorite est fermée pendant les vacances d'été.

問題は，私の気に入っているパン屋が夏のヴァカンス中に休業することだ.

Après le collège, j'**ai commencé par** travailler dans un supermarché, dans les rayons d'épicerie. (12 秋)

中学を卒業すると，私はまずスーパーの惣菜コーナーで働き始めました.

On est vraiment **déçus de** la décision du gouvernement.

私たちは政府の決定に本当に失望しています.

Comme d'habitude, Philippe est parti de chez lui à 8h.

いつものように，フィリップは家を8時に出た.

inférieur(e) à ...

［アンフェリユーる　ア］
□□ 048
熟・慣 ～以下の

avoir de l'influence sur ...

［アヴォワーる　ドゥ　ランフリュアンス　スューる］
□□ 049
熟・慣 ～に影響を及ぼす

de nos jours

［ドゥ　ノ　ジューる］
□□ 050
熟・慣 こんにち，現在

loin de ...

［ロワン　ドゥ］
□□ 051
熟・慣 ～どころではない，～からかけ離れた

mettre en vente

［メットる　アン　ヴァント］
□□ 052
熟・慣 売りに出す，発売する

il vaut mieux ...

［イル　ヴォ　ミュ］
□□ 053
熟・慣 ～するほうがよい

au moment où ...

［オ　モマン　ウ］
□□ 054
熟・慣 ～するときに

pour le moment

［プーる　ル　モマン］
□□ 055
熟・慣 現段階では，今のところ

Le coût de la cérémonie d'ouverture de Rio devrait être dix fois **inférieur à** celui de Londres.	リオの開会式のコストは，ロンドンの開会式の10分の1になるに違いないであろう．
Les chercheurs examinent si la consommation d'alcool **a de l'influence sur** la performance au travail.	研究者たちはアルコールの摂取が仕事のパフォーマンスに影響を及ぼすかどうか調べている．
De nos jours, le réseau Wi-Fi est considéré comme une sorte d'infrastructure sociale. (wifi → p.139)	こんにち，Wi-Fiネットワークは社会インフラの一種と見なされている．
Je mène une vie **loin de** mes vœux et très différente de ce que vous imaginiez.	私は自分の望みとは程遠い，あなたが想像していたのとはかけ離れた生活をしています．
Le guide touristique du musée **est mis en vente** à quatre euros.	美術館のガイドブックは4ユーロで発売されています．
Ce vélo ne marche pas très bien. **Il vaut mieux** en prendre un autre.	この自転車はあまり調子がよくない．別のに乗るほうがよい．
Mon oncle est venu me voir **au moment où** je sortais de chez moi.	私が家を出ようとしていたまさにそのとき，叔父が会いに来た．
Pour le moment, il est impossible de répondre à toutes ces questions.	今のところ，それらの問題全てに答えることは不可能です．

sur place

[スュール　プラス]
□□ 056

熟・慣 その場で

en plus de ...

[アン　プリュス　ドゥ]
□□ 057

熟・慣 ～に加えて

prendre ... au sérieux

[プらンdrる　オ　セリュ]
□□ 058

熟・慣 ～をまじめに受け取る

quant à ...

[カンタ]
□□ 059

熟・慣 ～に関しては，～について言えば

quel (quelle) que soit ...

[ケル　ク　ソワ]
□□ 060

熟・慣 ～はどうあれ，～を問わず

qu'est-ce que vous voulez dire par là ?

[ケス　ク　ヴ　ヴレ　ディーる　パーる　ラ]
□□ 061

熟・慣 それはどういう意味ですか?

rien de plus ～ que ...

[りャン　ドゥ　プリュ　ク]
□□ 062

熟・慣 …ほど～なものはない

sans précédent

[サン　プれセダン]
□□ 063

熟・慣 前例のない

En cas de consommation **sur place,** le taux de la TVA revient à 10 %.	その場で食べる場合，TVA（付加価値税）は10%になります．
Ce sera une bonne occasion pour toi de gagner un peu d'argent **en plus de** ta bourse.	これは君にとって奨学金に加えて，少しお金を稼ぐことができるよい機会になるだろう．
Ne **prenez** pas ceci trop **au sérieux.** C'est une blague.	あまりこれをまじめに受け取らないでください．冗談ですから．
Quant à la situation économique actuelle, qu'en pensent tous les Français ?	現在の経済状況について，全てのフランス人は何を思っているのだろうか？
Danone est en tête dans toutes les catégories **quels que soient** le sexe, l'âge, la profession ou la région. (00春)	ダノン社は性別，年齢，職業，地域を問わず，全てのカテゴリーにおいてトップである．
Mais **qu'est-ce que vous voulez dire par là ?** (12秋)	でもそれはどういう意味ですか？
Il n'y a **rien de plus** sale **que** sa chambre. (09春)	彼の部屋くらい汚い部屋はない．
Après cette catastrophe **sans précédent,** de nombreuses personnes se sont portées volontaires.	この前例のない大災害の後で，多くの人々がボランティアを買って出た．

se faire ...

[ス フェーる]
□□ 064

熟·慣 〜してもらう，〜される

se précipiter

[ス ブれスィピテ]
□□ 065

熟·慣 急いで行く，飛びつく

s'engager dans ...

[サンガジェ ダン]
□□ 066

熟·慣 〜に身を投じる

au sommet de ...

[オ ソメ ドゥ]
□□ 067

熟·慣 〜の頂上に

tout le temps

[トゥ ル タン]
□□ 068

熟·慣 ずっと，しょっちゅう

à l'abri

[ア ラブり]
□□ 069

熟·慣 安全な場所に

pour ainsi dire

[プーる アンスィ ディーる]
□□ 070

熟·慣 いわば，まるで

arriver à ...

[アりヴェ ア]
□□ 071

熟·慣 〜できる，〜に成功する

aussi bien que...

[オスィ ビァン ク]
□□ 072

熟·慣 …と同じくらい

Les médecins rappellent qu'il est encore temps de **se faire** vacciner.	今はまだ予防接種を受けてもらう時期だと医師たちは注意を呼びかけている.
Ma sœur **se précipite** toujours sur le téléphone quand il sonne. (11秋)	妹は電話が鳴るといつも急いで電話を取りに行く.
À quel âge est-il mieux de **s'engager dans** le mariage ?	何歳で結婚を真剣に考え始めたほうがいいのだろうか?
Pedro a grimpé **au sommet d'**un temple Maya.	ペドロはマヤの神殿の頂上に登ったことがある.
J'en ai marre de Christophe. Il se plaint de son boss **tout le temps**.	クリストフにはうんざりだ. 彼はしょっちゅうボスの文句を言っている.
Ma mère a mis **à l'abri** sa très précieuse lampe Gallé.	母はとても大切な（エミール・）ガレのランプを安全な場所に保管した.
La douane est toujours présente, mais les contrôles à la frontière sont **pour ainsi dire** inexistants.	税関は常に存在するものの, 国境での検問はまるで存在しないに等しい.
Parce qu'il n'**arrive** pas **à** finir son œuvre sur place. (11秋)	彼はその場で作品を（描き）終えることができないからです.
J'aime regarder des films en VF **aussi bien qu'**en VO.	私は映画を VF（フランス語吹き替え版）で観るのが, VO（オリジナル版）で観るのと同じくらい好きだ.

d'autant plus 〜 que ...

［ドタン プリュ ク］
□□ 073

熟・慣 …なだけにいっそう〜である

les uns aux autres

［レザン オゾートる］
□□ 074

熟・慣 互いに

avoir beau ...

［アヴォワーる ボ］
□□ 075

熟・慣 〜しても無駄だ

ça pèse lourd pour ...

［サ ペーズ ルーる プーる］
□□ 076

熟・慣 〜にとって重荷になる

ça se voit

［サ ス ヴォワ］
□□ 077

熟・慣 そう見える

confier 〜 à ...

［コンフィエ ア］
□□ 078

熟・慣 〜を…に預ける

en contradiction avec ...

［アン コントらディクスィオン アヴェック］
□□ 079

熟・慣 〜と矛盾した

d'ici peu

［ディスィ プ］
□□ 080

熟・慣 まもなく

Ce problème est **d'autant plus** compliqué **que** la plupart des intéressés sont déjà morts.	この問題は，当事者の多くがすでに亡くなっているだけにいっそう複雑である．
Les morceaux de pain sont collés **les uns aux autres** autour de cartons. (10 春)	パンくずの切れ端がボール紙の周りに貼りつけられている．
Nous **avons beau** nous dépêcher, nous ne pourrons plus arriver à l'heure.	急いでも無駄だ，私たちはもう時間通りには到着できないだろう．
Le loyer est de 420 euros pour chacune et **ça pèse** très **lourd pour** moi parce que je ne gagne que 900 euros par mois. (09 秋)	家賃は一人それぞれ420ユーロかかり，私は月に900ユーロしか稼いでいないので，それがとても重くのしかかっている．
Elle est contente, **ça se voit**. (03 春)	彼女は満足しているようだ，そう見える．
Le directeur **m'a confié** la clé du coffre-fort.	所長は私に金庫の鍵を預けた．
Ce que le vendeur me dit est **en contradiction avec** l'information sur le catalogue.	店員の言っていることが，カタログの情報と矛盾している．
Tu recevras **d'ici peu** le cadeau de ton fiancé.	君はまもなくフィアンセからのプレゼントを受け取るだろう．

entouré(e) de ...

［アントゥれ　ドゥ］
☐☐ 081

熟・慣 ～に囲まれた

entre nous

［アントる　ヌ］
☐☐ 082

熟・慣 内々に

donner envie de ...

［ドネ　アンヴィ　ドゥ］
☐☐ 083

熟・慣 ～したい気を起こさせる

fier (fière) de ...

［フィエーる　ドゥ］
☐☐ 084

熟・慣 ～が誇りの

finir par ...

［フィニーる　パーる］
☐☐ 085

熟・慣 最後には～する

l'idée est venue à ～ que ...

［リデ　エ　ヴニュ　ア　ク］
☐☐ 086

熟・慣 ～に…という考えが浮かぶ

par l'intermédiaire de ...

［パーる　ランテるメディエーる　ドゥ］
☐☐ 087

熟・慣 ～を介して，～の仲介で

lent(e) à ...

［ラン(ト)　ア］
☐☐ 088

熟・慣 ～するのが遅い

Entourée de ses enfants et de ses petits-enfants, elle était contente.

(10 春)

子どもや孫たちに囲まれて，彼女は満足であった．

Entre nous, je lis rarement des livres, mais ne le répétez pas.

ここだけの話ですが，私はめったに本を読まないのです，でもよそでは言わないでくださいね．

Tes photos me **donnent envie de** partir en voyage.

君の写真を見てると旅行に出かけたくなるよ．

Félicitations pour ta fin d'études ! Je suis très **fier de** toi.

卒業おめでとう！　私は君をとても誇りに思うよ．

Elle **a** donc **fini par** prendre un taxi pour le retour.

(07 秋)

結局彼女は帰るために最終的にタクシーに乗った．

Lorsque Corinne s'est aperçue de l'absence de Valentin, **l'idée** ne **lui est** pas **venue que** celui-ci était tombé à l'eau.

(06 春)

コリンヌはヴァランタンがいないのに気づいたが，彼が（プールの）水の中に落ちたとは思わなかった．

Latif a trouvé un emploi **par l'intermédiaire de** son père.

ラティフは父親の仲介で就職先を見つけた．

Yves est toujours **lent à** manger son plat.

イヴは料理を食べるのがいつも遅い．

lié(e) à ...

[リエ ア]
□□ 089

熟・慣 ～に関連した

limiter à ...

[リミテ ア]
□□ 090

熟・慣 ～に制限する

mettre de l'argent de côté

[メットる ドゥ らルジャン ドゥ コテ]
□□ 091

熟・慣 貯金する

mettre en place

[メットる アン プらス]
□□ 092

熟・慣 ～を設置する

mettre ... à la porte

[メットる ア ら ぽるト]
□□ 093

熟・慣 ～を追い出す

se mettre d'accord

[ス メットる ダコーる]
□□ 094

熟・慣 合意する

faire de son mieux

[フェーる ドゥ ソン ミュ]
□□ 095

熟・慣 最善を尽くす

montrer un vif intérêt pour ...

[モントれ アン ヴィッフ アンテれ プーる]
□□ 096

熟・慣 ～に強い関心を示す

Le développement des pays arabes est-il **lié à** l'expansion de l'Islam ?	アラブ諸国の発展はイスラム教の拡大と関係があるのだろうか?
Florian **limite** ses dépenses **à** 40 euros par jour.	フロリアンは1日の出費を40ユーロに制限している.
Le petit garçon **met de l'argent de côté** pour s'acheter un jouet. (01春)	その男の子はオモチャを買うために貯金している.
La gare du Nord **a mis en place** des scanners à rayons X pour le contrôle des bagages.	パリ北駅は荷物検査用にエックス線スキャナーを設置した.
J'ai vu que le concierge essayait de **mettre** un homme **à la porte**.	管理人が1人の男を追い出そうとしているのを見ました.
McDonald's, la chaîne américaine de restaurants «fast food», et le gouvernement italien **se sont mis d'accord** pour créer un hamburger à l'italienne fait à base de produits locaux. (10秋)	アメリカのファーストフード・レストランのチェーンであるマクドナルドは, 地元食材を基にしたイタリア風ハンバーガーを作ることで, イタリア政府と合意した.
Je ne suis pas sûr si ça marchera bien, mais je vais **faire de mon mieux**.	うまくいくかどうかは分かりませんが, 最善を尽くしてみます.
Les élèves **ont montré un vif intérêt pour** cette activité. (09秋)	生徒たちはこの活動に強い関心を示した.

passer après ...
[パセ アプれ]
□□ 097
熟・慣 ～に劣る，～より重要でない

passionné(e) de ...
[パスィオネ ドゥ]
□□ 098
熟・慣 ～に夢中の

plus ～ , plus (moins) ...
[プリュ(ス) プリュ(ス) (モワン)]
□□ 099
熟・慣 ～すればするほど…する(…しない)

le plus tôt possible
[ル プリュ ト ポスィーブル]　熟・慣 出来るだけ早く
□□ 100

prendre forme
[プらンドる フォるム]
□□ 101
熟・慣 (計画が) 固まる

prendre le volant
[プらンドる ル ヴォラン]
□□ 102
熟・慣 ハンドルを握る，運転する

prendre ... en considération
[プらンドる アン コンスィデらスィオン]
□□ 103
熟・慣 ～を考慮に入れる

en principe
[アン プらンスィップ]
□□ 104
熟・慣 原則として

Pour moi, le travail **passe après** la santé. (10 春)	私にとっては，仕事よりもまず健康です．
Ma fille est **passionnée de** danse orientale.	私の娘はオリエンタル・ダンスに夢中になっている．
Plus on est heureux, **moins** on a tendance à prêter attention au bonheur des autres.	人は幸福であればあるほど，それだけ他人の幸せには注意を払わない傾向がある．
Il vaudrait mieux remplacer **le plus tôt possible** l'énergie nucléaire par d'autres énergies plus naturelles.	できるだけ早く核エネルギーを他のより自然なエネルギーに置き換えるほうがよいだろう．
Notre projet va **prendre forme** à la prochaine séance. (08 秋)	私たちの計画は次回の会議で固まる予定です．
La prochaine fois, c'est toi qui **prends le volant**.	次回ハンドルを握るのは君だよ．
Derya a décidé tout seul sans **prendre** notre conseil **en considération**.	デリヤは私たちのアドバイスを考慮しないで1人だけで決めてしまった．
L'armée, **en principe**, doit obéir à la décision du premier ministre.	軍隊は，原則として，首相の決定に従わなければなりません．

la prise en charge

［ラ　プリーズ　アン　シャるジュ］
□□ 105

熟・慣 女 世話；援助

---

avec prudence

［アヴェック　プりュダンス］
□□ 106

熟・慣 慎重に

---

en question

［アン　ケスティオン］
□□ 107

熟・慣 問題の

---

faire la queue

［フェーる　ラ　ク］
□□ 108

熟・慣 行列する，列に並ぶ

---

quoi que ...

［クワ　ク］
□□ 109

熟・慣 何を～しようと，何が～しようと

---

pour raison de ...

［プーる　れゾン　ドゥ］
□□ 110

熟・慣 ～の理由で

---

réservé(e) à ...

［れぜるヴェ　ア］
□□ 111

熟・慣 ～専用の，～優先の

---

s'appuyer sur ...

［サピュイエ　スューる］
□□ 112

熟・慣 ～によりかかる，～をよりどころとする

Le département demande au gouvernement de lui verser un million d'euros afin de financer **la prise en charge** des chômeurs.	失業者を財政的に援助するため、県は政府に対して100万ユーロの支払いを要求している.
Le cuisinier a apporté cette grosse marmite **avec prudence**.	料理人はその大鍋を慎重に運んできた.
L'homme **en question** n'a pas eu d'autre expérience qu'être représentant de commerce.	その問題の男は、セールスマン以外をやった経験がなかった.
Les enfants **font la queue** devant la boutique pour acheter un nouveau jeu vidéo.	子どもたちが新しいテレビゲームを買うために店の前に行列を作っている.
Je t'aimerai toujours, **quoi que** tu fasses, **quoi qu'**il arrive.	君が何をしようと、何が起きようと、僕は君のことがいつも好きだよ.
J'ai arrêté de fumer **pour raison de** santé, je n'ai pas envie de tomber malade à cause des autres. (02春)	僕は健康上の理由からタバコを止めたけれども、他の吸う人のせいで病気になるのはまっぴらだ.
Les allocations logement ne sont pas **réservées aux** Français ?	住宅手当はフランス人に専用のものではないのですか?
Son analyse est très convaincante en **s'appuyant sur** des données statistiques.	彼(女)の分析は統計データに基づいていて、とても説得力がある.

sans aucun doute

［サンゾッカン　ドゥット］
□□ 113　熟·慣 疑いもなく

s'attendre à …

［サタンドる　ア］
□□ 114　熟·慣 ～を予想する

se charger de …

［ス　シャるジェ　ドゥ］
□□ 115　熟·慣 ～を担当する，～を引き受ける

se débarrasser de …

［ス　デバらセ　ドゥ］
□□ 116　熟·慣 ～を捨てる

se prendre pour …

［ス　プらンドる　プーる］
□□ 117　熟·慣 自分を～だと思う

se rapprocher de …

［ス　らプろシェ　ドゥ］
□□ 118　熟·慣 ～に近づく

les uns contre les autres

［レザン　コントる　レゾートる］
□□ 119　熟·慣 互いに

s'inquiéter de …

［サンキエテ　ドゥ］
□□ 120　熟·慣 ～を心配する，～を気にかける

donner du souci à …

［ドネ　デュ　ススィ　ア］
□□ 121　熟·慣 ～に心配をかける

La Grand-Place est **sans aucun doute** l'endroit le plus visité de Bruxelles.	グラン・プラスは疑いもなくブリュッセルで一番人が訪れる場所だ.
On ne **s'attendait** pas du tout **à** son succès au concours.	私たちは彼（女）が試験に合格することを全く予想していなかった.
C'est la femme de mon frère qui **se charge de** la gestion de cette clinique.	このクリニックの経営を担当しているのは，私の兄嫁です.
Je n'arrive pas à **me débarrasser de** cette idée. (03 春)	私はその考えを捨てることができない.
Quand Franck était encore petit, il **se prenait pour** un génie.	フランクはまだ小さかったとき，自分のことを天才だと思っていた.
Gilles **s'est rapproché du** serpent sans aucune peur.	ジルは全然怖がらずにヘビに近づいて行った.
Sur cette ligne d'autobus, les gens sont toujours serrés **les uns contre les autres**. (07 春)	このバス路線では，乗客はいつもすし詰め状態である.
Mes parents **s'inquiètent de** mon attitude.	両親は私の態度を案じている.
Excusez-moi de **vous avoir donné du souci**. Je suis sain et sauf.	心配をおかけして申し訳ありませんでした．私は無事です.

soucieux, soucieuse de ...

[ススィユ, ススィユーズ ドゥ]
□□ 122
熟・慣 ～に気を遣っている，～を気にかける

sous les yeux

[ス レ ズィユ]
□□ 123
熟・慣 目の前で；眼前に

sous aucun prétexte

[スゾッカン プれテクスト]
□□ 124
熟・慣 どんな事情であれ

sous toutes ses formes

[ス トゥット セ フォるム]
□□ 125
熟・慣 どんな形でも

sous un faux nom

[スザン フォ ノン]
□□ 126
熟・慣 偽名で

par la suite

[パーる ラ スュイット]
□□ 127
熟・慣 後で，後に

suivi(e) de ...

[スュイヴィ ドゥ]
□□ 128
熟・慣 ～を従える，～を伴う

～ sur ...

[スューる]
□□ 129
熟・慣 …中の～

être sûr(e) que ...

[エートる スューる ク]
□□ 130
熟・慣 ～を確信している

Mes grands-parents sont **soucieux de** leur consommation de sel.	私の祖父母は塩分の摂取に気を遣っている.
La preuve n'est-elle pas là, **sous les yeux** du juge ?	証拠は, 裁判官の目の前にあるのではないですか?
Ne vous arrêtez pas à mi-chemin, **sous aucun prétexte** !	どんな事情があっても, 途中で立ち止まらないでください!
Nous ne pouvons pas accepter la violence, **sous toutes ses formes**.	いかなる形であれ, 私たちは暴力を容認できない.
Henri a réservé une chambre **sous un faux nom**. (11 春)	アンリは偽名で部屋を予約した.
Vous recevrez un message **par la suite**.	あなたは後でメッセージを受け取るでしょう.
La conférence sera **suivie d'**une discussion. (04 秋)	会議の後には議論が続くでしょう.
Parmi les migrants qui ont traversé la Méditerranée, une personne **sur** deux était syrienne.	地中海を渡った移民のうち, 2人に1人がシリア人だった.
Je **suis sûr que** le coût des vêtements a sensiblement baissé.	服飾費が目に見えて少なくなったことは確かだと思います.

tellement 〜 que ...

［テルマン　ク］
□□ 131
熟・慣 とても〜なので…である

tomber bien

［トンベ　ビヤン］
□□ 132
熟・慣 運が良い，ちょうどよいタイミングである

tomber sur ...

［トンベ　スューる］
□□ 133
熟・慣 〜に出くわす

une fois pour toute

［ユヌ　フォワ　プーる　トゥット］
□□ 134
熟・慣 これっきりで，一度だけ

voler 〜 à ...

［ヴォレ　ア］
□□ 135
熟・慣 …から〜を盗む

Il faisait **tellement** chaud **que** j'ai perdu l'appétit.	あまりにも暑かったので私は食欲をなくしてしまった.
Tu **tombes bien** ! On allait déjeuner. (11秋)	ちょうど良かった. 昼食に行こうとしていたんだ.
On **est tombés sur** les bons sièges !	(ぼくらは) いい席に当たったね!
Écoute bien, je te le dis **une fois pour toute**. (10春)	一度だけ言うから, よく聞いて.
Pendant mon absence, on **m'a volé** ma montre posée sur mon bureau.	私がいない間に, 机の上に置いていた腕時計が盗まれた.

索　引

A

à bas prix　　　　　32
abonné(e)　　　　172
absence　　　　　86
accepter　　　　　66
à ce sujet　　　　54
achat　　　　　　104
activité　　　　　　4
actualité　　　　134
actuellement　　104
adapté(e) à ...　106
adapter　　　　　106
adresser　　　　　86
adulte　　　　　172
à feu doux　　　186
affaire　　　　　　6
affirmer　　　　　86
agence　　　　　　86
agir　　　　　　　66
agro-alimentaire　86
aide　　　　　　　16
aider 〜 à ...　　230
aiguille　　　　106
ajouter　　　　　106
à l'abri　　　　236
à la fois　　　　224
à la rencontre de ...
　　　　　　　　126
à l'avance　　　134
à l'initiative de ...　118
aller au secours de ...
　　　　　　　　162
aller trop loin　226
à l'occasion de ...　30
à l'origine de ...　74
amazonien,
　amazonienne　172
ambiance　　　　54
améliorer　　　106
amener　　　　172

amuser　　　　106
anglais(e)　　　172
à nouveau　　　98
à part ...　　　　28
à perte de vue　168
appartenir à ...　86
appellation　　172
appeler au secours　162
apprentissage　108
approcher　　　134
à propos　　　100
à propos de ...　100
architecte　　　134
arranger　　　　86
arrêt　　　　　　56
arrivée　　　　　66
arriver à ...　　236
arrondissement　88
artisan(e)　　　172
association　　　16
atelier　　　　　66
à tout prix　　　34
à travers ...　　128
attaque　　　　134
attaquer　　　　36
atteindre　　　108
attirer　　　　　36
attraper　　　　172
au bout de ...　　88
au coin de ...　180
au contraire　　36
au cours de ...　90
augmenter　　　68
au lieu de ...　　6
au milieu de ...　96
au moment où ...　232
au niveau de ...　96
au point de ... / que ...
　　　　　　　　76
auprès de ...　108
au sommet de ...　236

aussi bien que ...　236
auteur　　　　　174
automobile　　　68
autoriser　　　108
au total　　　　80
autour de ...　　36
autrement　　　174
autrement dit　174
avec intérêt　　62
avec prudence　246
avec soin　　　　78
aventure　　　　16
avertir　　　　　68
avis　　　　　　36
avoir beau ...　238
avoir conscience de ...
　　　　　　　　180
avoir de l'influence
　sur ...　　　　232
avoir du mal à ...　62
avoir horreur de ...　194
avoir lieu　　　　6
avoir l'impression de ...
　　　　　　　　60
avoir pour but de ...　16

B

badge　　　　　174
bas, basse　　　88
battre　　　　　68
beauté　　　　　174
bêtise　　　　　108
bicyclette　　　108
bien que ...　　224
biologique　　　134
blé　　　　　　108
blesser　　　　　56
boîte　　　　　108
bonheur　　　　46
bon marché　　　2
boulangerie　　174

bout	88	chic	110	construire	112
bref	134	chiffre	136	consulat	138
business	174	chiffre d'affaires	136	contact	138
but	16	choix	24	contemporain(e)	182
		chuter	178	conteneur	182

C

ça fait ～ que ...	220	cimetière	178	contenir	56
calmer	174	circulation	136	continuer à ...	220
camion	28	cité universitaire	214	contrairement à ...	138
candidat(e)	28	clinique	56	convaincre	90
capacité	136	cœur	56	convenir à ...	182
ça pèse lourd pour ...		coffre	178	conversation	182
	238	coiffeur, coiffeuse	178	corps	90
capitale	56	coin	180	correct(e)	182
caractère	110	collecter	136	correspondre à ...	228
car de tourisme	166	collection	24	corriger	140
carnet	176	colline	110	coup	56
carte d'identité	150	comme d'habitude	230	couple	182
ça se voit	238	commencer par ...	230	courant(e)	140
casque	176	commerçant(e)	88	courrier	182
caste	68	commerce	110	course	18
cathédrale	136	commercial(e)	180	court(e)	140
ce qui ～, c'est ...	230	comme un fou	60	couscous	140
certain(e)	4	communication	138	couvert(e) de ...	140
certainement	176	comparer	110	couvrir ～ de ...	226
certains, certaines	4	comparer à ...	110	créateur, créatrice	70
certificat	176	compter	138	création	140
c'est ainsi que ...	228	compter pour	138	crier au secours	162
c'est (de) la faute de ...		compter sur	138	crise	142
	92	conclusion	180	culturel, culturelle	184
c'est pour ça que ...		conducteur,		curieux, curieuse	46
	228	conductrice	88	
champagne	176	confier ～ à ...	238	**D**
champion,		confort	112	d'ailleurs	46
championne	176	connaître	2	dangereux, dangereuse
changer de ...	222	connaître à fond	2		24
charcutier, charcutière		connu(e)	2	danse	142
	110	conseil	70	dans le cadre de ...	46
charmant(e)	178	conseiller	70	dans l'ensemble	92
charme	178	considérer	70	d'après ...	220
chasser	178	considérer comme ...		d'autant plus ～ que ...
chauffeur	178		70		238
chef	46	consister en ...	88	davantage	184
chèque	136	consommation	36	de bonne humeur	194
		construction	180	décision	18

déclarer 142
déçu(e) de ... 230
de façon ... 60
de la part de ... 26
demande 142
demander si ... 226
de nos jours 232
de nouveau 98
de passage 154
dépasser 142
de plus 222
de plus en plus de ... 220
déposer 70
depuis toujours 80
dernier, dernière 184
dès 36
dès le départ 36
désormais 142
dessiner 46
dessus 142
détail 112
détester 70
de toute façon 60
développer 90
diamant 46
d'ici ... 228
d'ici peu 238
difficile à ... 226
difficulté 30
diminué(e) 112
diminuer 112
direction 90
dire n'importe quoi 24
diriger 112
discussion 142
discuter 30
disputer 184
distance 184
d'occasion 32
dollar 112
domestique 184
donner du souci à ... 248

donner envie de ... 240
donner l'occasion à ... de ~ 32
dossier 186
douter 144
droitier, droitière 186
du coup 56
d'une manière ... 22
durée 114
durer 48

E

eau courante 140
eau du robinet 162
échanger 72
échec 186
École normale supérieure 164
économie 114
économique 186
écrit(e) 144
éducation 58
effet 8
efficace 186
eh 90
élection 186
électricité 48
élégance 188
élevé(e) 48
embêter 114
embouteillage 144
émission 12
emploi 58
employer 48
emprunter ~ à ... 226
en avance 134
en bref 136
en ce qui concerne ... 70
en colère 224
en commun 138
en conclusion 180
en contradiction avec ... 238

encourager 58
en dehors de ... 112
en effet 8
en équilibre 188
en équipe 38
enfin 12
engagement 144
en général 222
en hausse 150
en haut de ... 194
en moyenne 120
ennuyé(e) 146
ennuyeux, ennuyeuse 188
énormément 146
en particulier 74
en partie 122
en plein air 74
en plein milieu de ... 76
en plus de ... 234
en principe 244
en question 246
enquête 114
en revanche 160
ensemble 90
en tant que ... 42
entendre 188
entendre par ... 188
entendre parler de ... 188
entouré(e) de ... 240
entre nous 240
entreprise 24
en vain 166
en vente 34
équilibre 188
équipe 38
esprit 114
essai 114
essayer 8
estimer 92
étape 190
état 146

etc. 38
étonner 58
être au courant (de ...) 140
être capable de ... 110
être en train de ... 214
être obligé(e) de ... 30
être sûr(e) que ... 250
être sur le point de ... 76
étude 2
euh 146
événement 146
évoluer 146
examiner 114
excellent(e) 146
exceptionnel, exceptionnelle 146
exercer 148
expérience 8
exportation 190

F

fabriquer 148
face à ... 190
facilement 116
façon 58
facteur, factrice 72
facture 24
faire bonne impression sur ... 60
faire des efforts pour ... 72
faire de son mieux 242
faire face à ... 190
faire la queue 246
faire les/des courses 18
faire part de ... 28
faire partie de ... 122
faire signe à ... 212
fatigué(e) 38
faute de mieux 92
faute de temps 92
fauteuil roulant 92
faux, fausse 148
ferme 92
fermer 92
fermer les yeux sur ... 94
festival 148
fêter 148
fier (fière) de ... 240
fièvre 190
finir par ... 240
fixe 116
∼ fois plus de ... 224
fonctionner 148
fondation 148
fonder 190
football 60
forcer 116
formation 190
fou, folle 60
foyer 190
franc 30
franchement 148
frites 38
froid 116
fumeur, fumeuse 30
futur(e) 192

G

garde 192
garde du corps 90
garder 60
garer 116
gaucher, gauchère 116
gêner 192
geste 118
gouvernement 72
grâce à ... 220
grandir 94
gravement 192
groupe 18
guérir 150

H

habituer 192
handicap 192
handicapé(e) 18-21
hausse 150
haut 194
heureux, heureuse 20
hier 8
honnête 194
horaire 38
horloge 38
hors de ... 194
huile 48
humanitaire 150

I

identité 150
ignorer 150
île 20
il reste à ... 6
il s'agit de ... 66
il vaut mieux ... 232
image 194
imaginer 118
immobilier, immobilière 150
importance 118
incendie 118
inconvénient 152
indifférent(e) à ... 152
indiquer 94
indispensable pour ... 94
inférieur(e) à ... 232
infirmier, infirmière 194
information 152
initiative 118
inquiétude 196
insister sur ... 48
installer 12
instituteur, institutrice 118
intérêt 60

intérieur 152
Internet 20
interroger 196

J

jeter 196
jeter un coup d'œil
  sur ... 196
jeunesse 120
joie 94

L

laisser tomber 226
la plupart de ... 40
la plupart du temps 40
la prise en charge 246
l'autre jour 230
lave-vaisselle 216
Le but, c'est de ... 224
lent(e) à ... 240
le plus tôt possible 244
Le problème, c'est
  que... 230
les uns aux autres 238
les uns contre les
  autres 248
liberté 196
l'idée est venue à ~
  que ... 240
lié(e) à ... 242
lieu 6
ligne 152
limiter à ... 242
liste 152
litre 196
location 196
logement 152
loi 196
loin de ... 232
longévité 152
loyer 72
luxe 198
lycéen, lycéenne 12

M

maire 62
mairie 120
mal 62
malgré 12
manière 22
manifestation 198
manquer 10
marathon 120
marché 2
marche 14
marque 10
marquer 198
matière 94
mécanisme 198
méchant(e) 198
meilleur(e) 94
membre 94
même si ... 22
ménage 94
ménager, ménagère
  198
mener à ... 198
mensonge 198
merveilleux,
  merveilleuse 200
message 96
mesurer 200
métal 200
méthode 200
métier 2
mètre 62
mettre ... à la porte
  242
mettre ... au point 76
mettre de l'argent
  de côté 242
mettre en marche 14
mettre en place 242
mettre en vente 232
milieu 96
million 26
mine 200
ministère 200

moderne 120
moitié 96
mondial(e) 154
monter 16
montrer un vif intérêt
  pour ... 242
mort 96
mort(e) 96
moto 72
moyenne 120

N

national(e) 62
naturellement 200
n'avoir rien à voir
  avec ... 228
nécessaire 48
ne pas hésiter à ... 224
ne pas manquer de ...
  10
nettoyage 72
ni 6
n'importe comment
  26
n'importe où 26
n'importe quel
  (quelle) ... 26
n'importe qui 26
niveau 96
Noël 20
noir 200
nombreux, nombreuse
  14
non seulement ~
  mais aussi ... 222
normal(e) 16
noter 120
nourrir 120
nourriture 30
nouveau 98

O

obéir à ... 122
obligatoire 202

observer	122	passionné(e) de ...	244	poutre	206
occuper	22	paysan, paysanne	74	précédent(e)	156
océan	202	peintre	204	précisément	206
oh	14	pelouse	156	préciser	156
omelette	62	peluche	38	préféré(e)	64
opinion	98	penser à ...	222	préjugé	158
opposé(e) à ...	50	Père Noël	26	premier, première	100
opposition	202	période	156	prendre ... au sérieux	
or	122	permis	204		234
ordinaire	202	personnage	204	prendre en compte ...	
organisateur,		petit(e)	98		68
organisatrice	154	peu importe	26	prendre ... en	
organiser	14	physique	98	considération	244
original(e)	62	pièce	98	prendre forme	244
originalité	202	pilote automobile	156	prendre la décision	
origine	74	plage	50	de ...	224
oublier	32	plainte	204	prendre le volant	244
ouvert(e)	98	plaisir	8	prendre part à ...	26
ouvrage	202	plein(e) de ...	74	prendre sa retraite	228
		pleurer	76	présence	158
P		plus ～, plus (moins) ...		présenter	20
			244	président(e)	100
paraître	74	point de vue	168	presse	206
par bonheur	46	poire	156	prévenir	158
parce que ...	220	policier, policière	204	principal(e)	76
parfum	64	politique	22-25	prison	100
parisien, parisienne	22	pompier	40	privé(e)	100
par jour	222	populaire	122	prix	32
parking	154	population	122	prochain(e)	6
par la suite	250	poser	40	production	158
par l'intermédiaire		positif, positive	204	professionnel,	
de ...	240	possibilité	100	professionnelle	34
parole	154	poste	50	profiter de ...	226
par rapport à ...	76	poubelle	206	progresser	122
partager	64	pour ainsi dire	236	proposition	122
par terre	80	pour la première fois		propre	124
participant(e)	202		224	propriétaire	100
participer	2	pour le moment	232	protection	124
particulier,		pour le reste	126	protéger	76
particulière	74	pour l'occasion	32	province	124
pas mal de ...	62	pour que ...	220	psychologique	158
passage	154	pour raison de ...	246	public	50
passager, passagère	202	pour toujours	80	puce	158
passer après ...	244	pourtant	8	puisque	40
passionnant(e)	204				

pyramide	64	rempli(e) de ...	40	s'adresser à ...	86

Q

qualité	28	remplir	40	salaire	210
quand même	22	rencontre	126	sale	210
quant à ...	234	rendre	10	s'améliorer	106
quel (quelle) que soit ...		rendre ∼ ...	10	s'amuser	108
	234	rendre visite à ...	10	sans aucun doute	248
quelqu'un	24	renoncer à ...	14	sans cesse	176
qu'est-ce que vous		rentrée	102	sans doute	222
voulez dire par là ?		renvoyer	160	sans faute	92
	234	réparation	208	sans précédent	234
quoi que ...	246	répondre	126	s'approcher	134
		reportage	160	s'appuyer sur ...	246

R

		reprendre	12	s'arranger	88
ramasser	102	reprendre conscience		satisfaire	102
ramener	158		180	satisfait(e)	102
rang	206	représenter	102	s'attaquer à ...	36
rappeler	50	reptiles	208	s'attendre à ...	248
rapport	76	réservation	160	sauf	210
rare	64	réservé(e) à ...	246	scène	210
rassembler	78	résister à ...	208	scientifique	126
rassuré(e)	124	respect	208	scolaire	162
rassurer	124	respirer	208	séance	162
réaction	40	responsabilité	102	se battre	68
réagir	206	responsable	16	se calmer	176
réaliser	8	ressembler à ...	160	se charger de ...	248
réalité	124	reste	126	seconde	210
réanimation	206	rester	6	se débarrasser de ...	
récemment	124	résultat	20		248
recette	206	retraité(e)	102	se déplacer	28
recherche	124	retrouver	208	se développer	90
record	102	réunir	52	se diriger vers ...	112
réduire	160	revenir à ...	210	se disputer	184
réduit(e)	160	rêver de ...	228	se douter de ...	144
refuser	160	révolution	210	se fâcher	72
règle	50	rien de plus ∼ que ...		se faire ...	236
regretter de ...	34		234	se forcer à ...	116
remarquer	78	risque	162	se garer	116
remettre en marche	52	risquer de ...	78	se gêner	192
remettre en question		rôle	18	s'élever	48
	50	route	14	selon ...	220
remonter	208	rythme	162	se méfier de ...	154
remplacer	52			se mettre d'accord	242

S

		s'adapter à ...	106	s'encourager	58
				s'endormir	144

s'engager dans ... 236
s'ennuyer 144
se nourrir 120
sens 78
sens unique 78
s'entendre bien
 (avec ...) 188
sentiment 162
sentir 18
se plaindre 32
se porter 156
se poser 40
se précipiter 236
se préciser 156
se prendre pour ... 248
se présenter 20
se rappeler 50
se rapprocher de ...
 248
se rassembler 78
se remettre à ... 52
se rendre à ... 10
se rendre compte de ...
 68
se rendre compte
 que ... 10
se renseigner 208
se réunir 52
sérieux, sérieuse 126
service 64
serviette 162
servir 52
se sauver 34
se sentir 18
se servir de ... 52
se soigner 104
se souvenir de ... 222
se tenir 4
s'étonner 58
seul(e) 210
sévère 212
s'exprimer 114
s'habituer à ... 192
signe 212

signifier 126
sinon 164
s'inquiéter de ... 248
s'inscrire 118
s'installer 12
si ∼ que ... 226
situation 24
situé(e) à ... 128
ski 104
social(e) 64
soi 164
soigner 104
soin 78
soirée 80
solution 164
s'opposer à ... 50
sortie 212
sortir 164
souffrir de ... 104
sous aucun prétexte
 250
sous les yeux 250
sous toutes ses formes
 250
sous un faux nom 250
soutenir 164
souvenir 52
soucieux, soucieuse de
 250
spécialisé(e) 212
spécialiste 28
spectacle 212
spectateur, spectatrice
 212
studio 52
suffisant(e) 212
suisse 164
suivi(e) de ... 250
sujet 54
supérieur(e) 164
supporter 80
∼ sur ... 250
sur le coup 58
sur place 234

symbole 128
système 14

T

table 34
tant pis 42
tant que ça ... 42
technique 128
tel, telle 80
tellement ∼ que ...
 252
tel (telle) que ... 80
tenir à ... 4
tenir compte de ... 68
tenir de ... 4
tenir le coup 4
terrain 214
terre 80
texte 104
toit 64
tomber bien 252
tomber en panne 154
tomber sur ... 252
totalement 214
tour (m.) 54
tour (f.) 82
tourner 82
tourner le dos à ... 82
tout le temps 236
tracteur 214
tradition 166
traditionnel,
 traditionnelle 66
traduire 128
transformer 128
transformer ∼ en ...
 128
transport 66
transporter 104
travaux 128
tricot 128
tricoter 214
trottoir 166
tuer 42

U

un(e) drôle de ...   144
une dizaine de ...   70
une fois ...   230
une fois pour toute
   252
une quinzaine de ...
   158
une vingtaine de ...
   216
unique   104
uniquement   130
universitaire   214

V

vaisselle   214
valeur   54
varié(e)   54
varier   54
vendeur, vendeuse   28
vendu(e)   166
vente   34
victime   166
vide   166
vin de table   34
visite   12
visiteur, visiteuse   130
vitesse   166
vivant(e)   216
voix   54
voler ~ à ...   252
volontaire   54
volume   130
voter   66
vue   168

Y

yen   216

Z

zoo   168

編著者紹介

川口 裕司 (かわぐち ゆうじ)

1958 年生まれ. 言語学博士. 東京外国語大学言語文化学部長,
外国語教育学会会長を歴任. 東京外国語大学名誉教授.

著書:『仏検 3 級準拠 [頻度順] フランス語単語集』(小社刊, 2015)
　　　『仏検 2 級準拠 [頻度順] フランス語単語集』(小社刊, 2016)
　　　『初級トルコ語のすべて』(IBC パブリッシング, 2016)
　　　『デイリー日本語・トルコ語・英語辞典』(三省堂, 2020)
　　　『仏検準 1 級準拠 [頻度順] フランス語単語集』(小社刊, 2021)
　　　『映画に学ぶ英語』(教育評論社, 2022)
　　　『仏検 4 級・5 級準拠 [頻度順] フランス語単語集』(小社刊, 2023)
　　　『ゼロから話せるフランス語　新装版』(三修社, 2024)
　　　『モジュールで身につくトルコ語』(東京外国語大学出版会, 2024)
　　　『映画に学ぶフランス語』(教育評論社, 2024)

古賀 健太郎 (こが けんたろう)

1987 年生まれ. 東京外国語大学博士 (学術), 青山学院大学文学
部准教授.

著書:『語彙と文法の間で：フランス語複合名詞の生産的な形成法』
　　　(駿河台出版社, 2020)
　　　『オン・デマール！』(駿河台出版社, 2022)

菊池 美里 (きくち みさと)

1986 年生まれ. 東京外国語大学大学院博士後期課程満期退学,
公益財団法人日本国際教育支援協会.

著書:『仏検 3 級準拠　頻度順フランス語単語集』(小社刊, 2015)

フランス語校閲・録音 ━━━━━━━━━━━━━

シルヴァン・ドゥテ (Sylvain DETEY)

1978 年生まれ．言語学博士．早稲田大学国際教養学部教授．

著書： *Savons-nous vraiment parler? Du contrat linguistique comme contrat social* (Armand Colin, 2023)

『フランコフォンの世界．コーパスが明かすフランス語の多様性』(三省堂，2019)

Varieties of Spoken French (Oxford University Press, 2016)

La prononciation du français dans le monde: du natif à l'apprenant (CLE international, 2016)

Les variétés du français parlé dans l'espace francophone. Ressources pour l'enseignement (Ophrys, 2010)

仏検2級準拠［頻度順］フランス語単語集
（二訂版）

2016年11月15日　初版発行
2024年7月1日　二訂版発行

編著者　　川　口　裕　司

　　　　　古　賀　健太郎

　　　　　菊　池　美　里

発行者　　上　野　名保子

製版・印刷・製本　　㈱フォレスト

発行所　　㈱ 駿河台出版社

〒101-0062 東京都千代田区神田駿河台3の7
電話 03(3291)1676 番／FAX 03(3291)1675 番
info@e-surugadai.com
http://www.e-surugadai.com

ISBN 978-4-411-00574-8 C1085

JCOPY ＜(社)出版者著作権管理機構 委託出版物＞

本書の無断複写は，著作権法上での例外を除き，禁じられています．複写される場合は，
そのつど事前に，(社)出版者著作権管理機構（電話 03-5244-5088，FAX 03-5244-5089，
e-mail: info@jcopy.or.jp）の許諾を得てください.